NÓS

OLHAR

LEONARDO TONUS (ORG.)
ELOAR GUAZZELLI (ILS.)

PARIS

APRESENTAÇÃO

Como abordar as movediças relações entre espaço e literatura? Como definir a vaga noção de espacialidade no âmbito da criação artística? Como, enfim, descrever uma cidade quando o seu referente espacial é associado a universos sobrecarregados de sentido, como no caso da capital francesa? Se Roma, Viena, Nápoles, Rio de Janeiro ou Dublin fascinam há séculos artistas e atraem todos os dias multidões de turistas, Paris ocupa dentro do imaginário coletivo um lugar à parte. A cada cruzamento, a cada rua ou a cada sombra de um lampadário, a Cidade Luz respira o fôlego de seus músicos, pintores, cineastas, escultores e escritores: Flaubert, Oswald de Andrade, Lautréamont, Rivera, Benjamin, Hemingway ou Proust. No olhar de seus artistas, Paris não se restringe a uma fonte infinita de inspiração. Ela é antes uma floresta de signos cuja representação, mais ou menos fiel à realidade, distingue diferentes facetas dos interesses e ambições estéticas dos que a descreveram, exploraram e percorreram.

Vista de longe, Paris não é uma cidade. Talvez ela seja um plano, um traçado, ou vários planos e traçados que entre si formam ângulos, paralelas e perpendiculares. Vista de longe, Paris é somente uma cidade. Falta-lhe perspectiva, profundidade e presença humana, o espaço vivo que nela não se resume a museus, praças e lugares turísticos. Contrariamente a muitas outras cidades, Paris é vivida, pensada e construída como um livro. Para decifrar os códigos de qualquer outra cidade é necessário misturar-se a seus cheiros, esbarrar em seus transeuntes ou frequentar seus espaços periféricos. Praticar Paris, todavia, requer deixar suas cicatrizes literárias e artísticas se imprimirem nos olhos dos seus observadores, escritores, ou leitores como no caso desta antologia.

A entrega deste "Olhar Paris" encerra um projeto que, embora desprentesioso, deixa a sensação de tarefa cumprida aos objetivos que se propôs: o registro de uma geografia sentimental parisiense praticada ou sonhada pelos escritores e amigos participantes das duas primeiras edições do *Printemps Littéraire Brésilien*. Quando em 2014 organizei pela primeira vez este encontro na Universidade da Sorbonne, não fazia ideia do mundo que iria se abrir à minha frente. Se a realização do "Printemps" respondia inicialmente a uma urgência relacionada à minha prática cotidiana em sala de aula enquanto professor de literatura brasileira para estudantes estrangeiros, vejo agora o quanto do seu sucesso é indissociável do espaço em que o evento se produz: Paris, a cidade da liberdade em que mulheres ainda gostam de andar sem se preocupar com as sombras, como evocou o escritor Dany Laferrière no momento dos atentados de novembro de 2015; Paris, a cidade dos encontros e desencontros cuja experiência se situa no cruzamento das possíveis e impossíveis percepções diretas, polissensoriais ou artísticas; Paris, enfim, minha cidade imaginária fundada há 27 anos quando cá cheguei. A minha e a nossa cidade dos croissants, bulevares, migrantes, pontes e páginas de um livro nunca acabado.

Paris existirá realmente? A resposta encontrarão talvez em companhia de Alexandre Staut, Alexandre Vidal Porto, Andrea Nunes, Caio Yurgel, Camila Gonzato, Eunice Gutman, Ieda Oliveira, Lobo, Lúcia Bettencourt, Luciana Hidalgo, Marcelino Freire, Marcílio França Castro, Marília Garcia, Mário Araújo, Natália Borges, Roberto Parmeggiani, Sérgio Roveri, Sérgio Rodrigues, Simone Paulino e Susana Fuentes.

Meus sinceros agradecimentos a Simone Paulino,
agitadora editorial
iniciadora deste projeto
amiga e companheira
de minhas insônias parisisenses

LEONARDO TONUS
Paris, 14 de fevereiro de 2016

O CACHECOL

ALEXANDRE STAUT

para Mack

A VOZ ANUNCIOU A CHEGADA DO TREM. O TRAMBOLHO gemeu ao encostar na plataforma. Do primeiro vagão saiu uma figura que olhava para o chão. Depois, uma garota apareceu arrastando uma mala. Atrás dela, dois cachorros pequenos. Uma mãe puxava um carrinho de bebê protegido por um plástico fechado a zíper. Mec ocupava o banco na frente da plataforma 7. Tinha duas malas.

Ele ainda viu três ou quatro tipos apressados, dois anunciado a chegada à capital, ao telefone. "Atutalér", *um deles disse*. Os passageiros ganhavam o átrio da estação com a velocidade do vento gelado, que levantava cabelos e varria sacos plásticos e pedaços de papel.

Num dos cantos, Mec viu casais se despedirem, outros visivelmente se reencontrarem, um homem de meia idade esperava o possível filho. Todos nas mesas de um café.

Mec conferiu a hora no grande relógio, bem no meio da praça central. Ainda restavam duas horas para seu comboio.

No ar há quase dois dias, via mas não registrava todas as cenas. Era inverno, fim de dezembro, e as primeiras imagens que observara ao saltar à estação Montparnasse Bienvenue eram de trens alinhados na plataforma.

Era sexta-feira, e a passagem anunciava que o seu comboio, aquele que fazia a viagem Paris-Brest, estacionaria no lugar, às 22 horas.

Passou revista mental nas malas. Quis encontrar uma revista, páginas de jornal. Desviou a atenção e imaginou as cidades que o trem atravessaria, Rennes, Morlaix, entre outras que vira no seu mapa de viajante. Como o mar se comportaria no extremo oeste do país? Seria pastoso? O vento levantava ondas para cima dos faróis, como nos cartões-postais?

Antes de chegar a Rennes, de passar por dutos e pontes, observar, do alto, cidades que pareciam presépios montados para as festas de fim de ano, antes ainda de chegar à pequena terra que o amigo francês chamava de "*gîte*", lá onde passaria os últimos dias do ano, deveria esperar duas longas horas na estação fria.

Era bom não desviar a atenção da voz anunciando trens, nomes de cidades que jamais ouvira antes, e que vinham misturadas ao burburinho de vozes, das quais vez ou outra voltava a ouvir: "Atutalér".

Estava frio, bastante frio, e todos estavam encapotados. De alguns viajantes, Mec via só o rosto, sem se ater às suas expressões. Entrou numa livraria, lamentou não saber aquela língua; entendia uma palavra ou outra, apenas. Soletrou títulos de livros e ouviu o alto-falante: "Nice, Le Mans, Tours, Caen, Avranches..."

Um café, isso, um café cairia bem no seu estômago fundo. Não nas mesas do bar, mas em pé, em outro comércio qualquer, do lado oposto ao alinhamento das plataformas.

Viu uma vitrine de doces. Ele poderia comer todas as esculturas de açúcar, mas talvez aquilo tudo fosse apenas enfeite.

O café esquentou o peito, e ele voltou a arrastar as malas para o banco em que estava antes. Ali, de onde podia ver as mesas do botequim dos encontros e despedidas. Minutos antes, observou um beijo que pretendia ter sempre na memória. Mas o beijo, de fato, acontecera ou fora uma imagem publicitária da vitrine da loja de doces?

Entrou mais uma vez na livraria e folheou dois ou três livros, afastando a ideia de comprá-los. Nunca foi bom leitor. Já sentado no banco de madeira, sentiu mais uma lufada de ar tomar conta da estação. Um trem que chegava da Sibéria?

Junto do sopro, desceu um homem que caminhou na sua direção, sentando-se ao seu lado. Falou ao telefone, mexeu na papelada que retirou de uma pasta envernizada, desamarrou os sapatos, amarrando-os de volta. O sujeito estava agasalhado, tinha luvas reluzentes, talvez de pelica.

Mec espiou com o rabo dos olhos e sentiu o gosto do café entre a língua e o céu da boca, além de curiosidade de tocar a papelada timbrada. Talvez o homem carregasse documentos importantes. Seriam oficiais?

"Você está em Montparnasse Bienvenue, seja bem-vindo", disse a voz do alto-falante. E esta frase Mec entendeu claramente. Ele teve a impressão de que o anúncio fizera com que seu vizinho desse um pulo do banco e saísse sôfrego, ocultando-se em meio à multidão.

Um cachecol. O desconhecido esquecera um cachecol xadrez, vermelho, azul, preto. Mec agarrou-o com os dedos enrijecidos. Olhou para os lados. Desejava não voltar a ver o dono da vestimenta. Não teve dúvidas. Colocou-o ao redor do seu pescoço, cerimonioso, sentindo a lã perpassar a pele.

Sentiu um arrepio. Um rubor tomou conta de si, da sola dos pés aos fios de cabelo. Era como se o acessório lhe desse acesso à alma do estranho.

Talvez o ato de rapiná-lo fizera com que o tempo passasse mais rápido, e nosso viajante se sentiu dono da estação ferroviária, até mesmo da voz do alto-falante e da vitrine de doces.

Teve vontade de dançar valsa, mas permaneceu sentado. Se chamasse atenção, podiam vir arrancar o cachecol do seu pescoço. E se fosse deportado horas depois da chegada ao país?

Não tardou e a voz anunciou: "Paris-Brest, 22 horas, plataforma 7", frase que Mec também entendeu perfeitamente. Ele cobriu as orelhas com sua nova vestimenta e arrastou as malas até a entrada do vagão 8, segunda classe.

Entrou na cabine como se fosse filho da realeza, um delfim, o dono do trem. Ensaiava pedir uma taça de champagne. Ouviu falar que serviam pequenas panquecas com ovas de peixe em lugares grã-finos. Meteu a bagagem no maleiro e encontrou uma poltrona vazia. Caminhou solene até o seu assento. Onde estava o cardápio? E o garçom uniformizado? Sentado, pouco antes de o trem partir, achou no bolso o pequeno dicionário de expressões idiomáticas para turistas de primeira viagem.

Ensaiou falar champagne, depois procurou a palavra "frio", em francês. Repetiu três ou quatro vezes a tradução, mas não ousou falar em voz alta e clara. Desfez as duas voltas que o cachecol dava em torno do pescoço. Suspirou. Queria deixar as extremidades livres, o acessório devia ficar esvoaçante, o vento que tomasse conta das pontas.

Arrumou o cachecol de modo que desse apenas uma volta ao redor de si. Quis perguntar se havia vento dentro do vagão. Ele tinha frio. Mas desejava uma ventania dentro da cabine, só para ver as pontas do cachecol dançarem no ar.

O trem começou a se locomover, preguiçoso. Procurou a palavra "vento" no minidicionário. Depois, desejou aprender a pronúncia correta. Repetiu-a três vezes para si, com voz inaudível. Procurou a palavra "cachecol". Queria pedir uma caneta e um pedaço de papel ao vizinho de poltrona. Qual seria a tradução da palavra "caneta", no dicionário? E de "papel"?

O trem tomava velocidade. Agora corria pelos subúrbios da capital. Ele via as imagens através da janela. Acariciou o tecido do cachecol, satisfeito. O trem apitou. Deixava o perímetro urbano. Respirou fundo, aquecido, observando a paisagem emoldurada. Tocou o vidro e sentiu a ponta dos dedos formigarem. Lá fora estava frio. Bastava um gesto, um único gesto, para perceber a temperatura externa.

Conforme o trem corria, desejava procurar mais e mais palavras no seu pequeno dicionário de viajante: "trilhos", "vento", "velocidade", novamente "vento", "estrada de ferro", "trem", "trem de ferro", "cinza", outra vez "cinza", "nuvem", "nuvem carregada", "chuva", "chuva fina", "cinza", "trem de ferro", "campo", "campo inundado", "casas", "casas brancas", "cinza", "trem de ferro".

VOCÊ JANTA COMIGO DEPOIS DO NATAL?

ALEXANDRE VIDAL PORTO

ONTEM ENCONTREI SUA IRMÃ BEATRIZ A CAMINHO DO meu escritório na rua Lauriston. Não sabia que ela havia-se mudado para cá. Achei logo que fosse um sinal, porque tinha sonhado com você na noite anterior.

Apesar de nossa separação, nunca me senti rompido com você, e é por isso que lhe escrevo de forma impulsiva. Desculpe-me -e ignore-me- se este meu contato lhe for inconveniente, OK?

Quando vim para Paris, a gente tinha acabado de se separar. Depois de tanto tempo juntos, eu me sentia inseguro na minha rotina em São Paulo sem você. A maneira que eu tinha de me proteger era, na minha vida, trocar você por uma nova cidade.

Numa conversa que a gente teve, você me disse que, em Paris, tudo o que a gente sentia se intensificava. Você provavelmente nem se lembra, mas eu vim para cá por causa disso, para comprovar o que você tinha dito.

Não sei se foi o sugestionamento de suas palavras, mas Paris, até hoje, intensifica minhas emoções. Aqui, enquanto caminho, procuro fazer com que meus pés toquem o chão inteiramente, para não perder a proporção dos meus passos. Sabe como é?

Faz sete anos que vivo aqui. O eixo geográfico da minha vida mudou. Ou, pelo menos, eu achei que tinha mudado antes de encontrar a sua irmã na rua Lauriston, na esquina da rua de Presbourg -ou de ter sonhado anteontem com você.

Moro no Quai d'Orsay. Da minha janela, vejo os *bâteaux-mouches* e o túnel em que a Princesa Diana morreu. Hoje, no meu caminho para o metrô, passei pelo lugar em que seu carro se acidentou. Tenho certeza de que a Princesa nunca pensou que morreria em Paris. Lembra-se de que estávamos juntos quando soubemos da morte dela?

D. Pedro II também morreu em Paris, de pneumonia. Nem sei por que isso me chama a atenção. Acho que foi a placa de bronze escuro na rua de l'Arcade, na fachada do Hotel Bedford (*Dans cette maison a vécu ses derniers jours l'Empereur du Brésil...*), que vi outro dia.

Eu mesmo poderia ter morrido em Paris. Bastava que me descuidasse a caminho da estação de metrô, que desse um passo em falso, que me deixasse atropelar.

Pont d'Alma, que vejo de minha janela, sempre me faz pensar em almas. Como você sabe, sou sugestionável. Mas, em Paris, nunca me sinto mortal. Para mim, aqui, a vida vem com intensidade, e a gente fica com a impressão de que a morte só aconteceria por um grande e terrível acaso, como com a Princesa Diana.

É que as pessoas vêm a Paris com planos, para viver. Você concorda comigo?

Espero que sim.

:-)

Beijos,

Alex

PS: Beatriz me falou que você vem à França para as festas de fim de ano. Passarei o Natal fora da França, mas volto a Paris no dia 26. Você teria tempo para jantar comigo?

Com otimismo, A.

SEREI SEMPRE PARIS

ANDREA NUNES

CAMINHO.
Meu passo é meio ébrio depois do terceiro bistrô. Isso me faz deslizar muito leve sobre os quartiers, flutuando na linha do tempo em um nível acima dos ponteiros. Ali, na festiva jardinagem dos bulevares parisienses, sempre me lembro de existir, visitando a vida como quem colhe flores. Tenho um fraco pela implicitude, e talvez seja por isso que Paris me atrai tanto: nunca vi uma cidade tão ciosa de seus tesouros, sem contudo revelá-los aos nossos primeiros olhares. Tal como o sorriso da Mona Lisa, ela fascina porque apenas insinua. Instiga, sem cair em obviedades.

No meu caminho torto, as ruas fervilham de gente, chapéus e cachorros. Por toda parte, telas, pincéis, papéis, grafites e selfies tentam lhe apreender a beleza, aquela beleza quase obscena de Paris. Mas nada a enquadra a contento, e para mim, esse é um de seus mistérios mais fascinantes: a cidade mais fotografada e pintada do mundo tem um espírito intangível à captura das representações artísticas.

Às margens do meu trajeto, vitrines de moda muito sóbrias e confiseries multicoloridas disputam a primazia da minha cobiça. Do outro lado, o Sena se enfeita de sol poente. Percebo que suas águas espelham cúpulas e monumentos de uma inusitada Paris invertida. Reflito. A mulher às avessas que me olha do fundo do rio carrega um lindo céu ao seu redor, e há bicicletas submersas que se cruzam às suas costas. Ela sorri, muito ciente da importância do seu papel naquele cenário.

A poucos metros dali, contemplo as toneladas de amor que querem mergulhar no Sena também, envergando a Pont des Arts. Vão se juntar a outros milhares de segredos, trancafiados no fundo do rio que guarda a alma da cidade a sete chaves e alguns cadeados.

De repente, o rio me inunda de cumplicidade: por alguns momentos, Paris está quase em mim. Quase.

Não é mais minha cabeça quem gira. Num só instante, todos os ângulos de uma cidade-caleidoscópio se descortinam na minha retina, uma sucessão de cúpulas de prédios que rodopiam ao meu redor, e cujas imagens se fundem borradas com as simétricas copas das árvores. Tudo gira de forma metódica, repetida e com um colorido pulsante: copas, cúpulas, carros, céus. Copas, cópulas, carros, céus. Aos poucos, a noite vem chegando, mas o vinho, a fumaça dos cigarros e a névoa que agora cobre o céu me convidam a libertar minha própria opacidade.

Luz e sombra das fachadas seculares se projetam da cidade para mim, revelando contornos deslumbrantes no relevo bruto do tecido humano. De dentro para fora, a névoa lentamente se dissipa, para revelar com extraordinária precisão a beleza cujos contornos não é possível delimitar. Mas certa hora, as luzes vão embora, como holofotes que se apagam.

Sem luz e sem névoa, percebo que é preciso encontrar outra coisa que ofusque meu deserto emocional. A moça, aquela estranha conhecida, continua me olhando da plateia, sorrindo no fundo do rio, como que aguardando para começar o longo aplauso do ato final. Sou uma peça de Molière? Sou um filme de Godard?

Na alta madrugada, Quasímodo, Camille Claudel e Hemingway se aproximam, vagando ao meu redor. Os fantasmas de Paris me falam de arte, dor, paixão e loucura, e percebo que desse modo se fundem ao espectro de minhas próprias assombrações.

Descubro.

A beleza da cidade foge a qualquer captura porque todas as telas que tentam aprisioná-la alcançam apenas sua paisagem exterior. O observador presencial de Paris terá sempre um trunfo sobre o observador da obra de arte que a representa: o de vivenciar a poesia orgânica que flui, ora de si próprio ao vê-la, ora dela, ao acolhê-lo como parte de sua paisagem. Tal pertencimento não se enquadra em registros, por mais artísticos que estes sejam. Então, não há um modo mais inesquecível de olhar Paris senão sob a circunstância de estar em Paris. Ou, melhor dizendo, sob a circunstância de ser Paris.

Na última taça de Bordeaux, um par de olhos náufragos me observa. Mas agora, o sol também se levanta. Já é hora de dormir.

O ÚLTIMO FORMALISTA RUSSO

CAIO YURGEL

O ÚLTIMO FORMALISTA RUSSO ESCREVIA PEQUENOS poemas no último andar de um prédio com vista para o último andar de outro prédio. O último formalista russo escrevia: *Paris / Tuas calçadas são muito estreitas / Pra mim e pro meu ego / Que andamos de mãos dadas / Enquanto tu nos apagas.* O último formalista russo apoiava a cabeça nas mãos e suspirava.

O poema era um presságio ou apenas muito ruim e uma semana depois o último formalista russo foi despejado do último andar do prédio e decidiu o que há muito já havia decidido: que viera a Paris para sofrer.

O último formalista russo não conhecia ninguém na cidade, embora lá já há quase seis meses habitasse, a maior parte deles agonizando em seu quarto, de onde saía apenas para extrair de Paris a ideia que já fazia de Paris antes mesmo de vir a Paris. Arrastando uma mala pela cidade e temendo por sua integridade poética, o último formalista russo passou a noite numa estação ferroviária e o máximo que conseguiu extrair dessa experiência foram as três linhas de um poema intitulado "Memória de infância": *Em algumas curvas os trens produzem nos trilhos / um som que me lembra o de um novilho / sendo serrado ao meio num açougue.* Os primeiros trens do dia abafaram o suspiro do último formalista russo.

A mala pesada de tantos livros que comprou para não precisar ler (Rimbaud, Mallarmé), o último formalista russo testou o grau de inspiração fornecido por bancos no Jardin du Luxembourg, nas Tuileries, na beira do Sena, defronte à Notre-Dame, na ponta da Île Saint-Louis, em Saint-Germain-des-Prés, pois embora estivesse disposto a sofrer, não estava disposto a sofrer muito longe do Quartier Latin.

Em sua peregrinação em busca de sofrimento, inspiração e, *Dieu voulant*, um teto, o último formalista russo acabou diante da *Église Américaine*, que também atende pela menos beata alcunha de The American Church, e lá ele viu a luz, lá ele encontrou a palavra, lá ele anotou o telefone de quinze proprietários que anunciavam seus apartamentos num painel do tamanho desses mesmos apartamentos.

O último formalista russo agendou uma visita com cada um dos quinze proprietários, vestiu sua melhor camisa e arranhou seu melhor francês, e foi aí, graças à Igreja Americana, que sua vida mudou para sempre, pois não conseguiu alugar nenhum dos quinze apartamentos, não conseguiu sequer que algum dos quinze proprietários memorizasse seu nome, retornou à sua terra natal, onde continuou a sofrer mas parou de sentar-se em bancos públicos, continuou a escrever pequenos poemas e a suspirar. Quinze rejeições em rápida sucessão foi o meio que Paris encontrou para ensinar a única lição que Paris pode ensinar àqueles que se aventuram por suas estreitas calçadas: a de que essa história nunca foi sobre o último formalista russo.

VOUS ÊTES ICI

CAMILA GONZATTO

PRIMEIRO FOI O MARAIS, RUE DE RIVOLI, HÔTEL DE Ville. Mas antes ainda foi o metrô. Pessoas apressadas, passando umas às outras, correndo pelos túneis sem fim, tentando impor um ritmo que a cidade não tem. Depois veio o Sena, a Île Saint-Louis, a Notre-Dame, os museus e uma baguete. Ainda sinto uma excitação infantil ao voltar ao Louvre, ao d'Orsay e ao Pompidou. O l'Orangerie me comove. Perto do Palais de Tokio, do outro lado do rio, tem a torre, símbolo que assombra qualquer imagem da cidade. Mas que se impõe com elegância. O quai Branly me incomoda. O Musée de Cluny e o Musée Marmottan Monet são pequenas pérolas.

Paris tem gosto de manteiga. Som de croissant quebrando na boca. E cheiro de livro antigo, livros que se espalham pelas margens do Sena, pelas pequenas livrarias e pelas estantes da Sorbonne. Cores de mercado. Marché des Enfants Rouges e Marché Bastille são apenas um começo, um bom começo.

E Paris se desdobra como um complexo origami, em que cada friso há algo mais. A bússola já não funciona. O cinema antigo, o café sem estilo, a biblioteca perfeita e labiríntica, a livraria de livros de artista, o crepe simples, a garrafa de vinho sempre aberta, o ateliê do artista que ainda resiste à cidade. Os passos de Benjamin nas passagens ainda cobertas. A multidão de turistas que anda em círculos. O pensamento que se estende, se lança à vida como quem busca uma margem onde descansar, para logo depois seguir em frente.

Paris será sempre uma festa que não tem fim, para a qual nem sempre somos convidados. Há que se ter um pouco de pressa, um pouco de paciência, um olhar que se espicha e se demora. E, então, o mapa se desdobra e se redobra nos grandes bulevares, nas pequenas ruelas, por cima das pontes e nas páginas dos livros que ainda não li, nas pinturas que não vi e nas casas que não entrei. "Existe sempre alguma coisa ausente que me atormenta", escreveu Camille Claudel a Rodin.

Vous êtes ici.

PARIS É UMA CIDADE DE CINEMA

EUNICE GUTMAN

HAVIA UMA SALA EM COPACABANA NOS ANOS 70 ONDE passavam filmes fora do grande circuito. Os chamados filmes de arte. O neo-realismo italiano, o cinema novo no Brasil, e a nouvelle vague do cinema francês. Este era um dos que mais me interessava: a nouvelle vague tinha essa especificidade de tratar dos amores, do cotidiano das relações, das amizades.

O cinema francês era tão avançado, se pararmos para pensar, que já abordava as questões das relações e tabus. *Jules e Jim*, de François Truffaut, uma mulher e dois homens.

E quando fui estudar cinema na Bélgica, levava essa bagagem, essas referências... Lá, o curso de cinema tinha uma ligação com a produção francesa. Minha professora de continuidade era de Paris, trabalhava com Alain Resnais, e a professora de montagem também era da França.

Paris é uma cidade de cinema desde os irmãos Lumière. Penso nisso quando entro no Cinéma des Cinéastes em Paris, a moviola armada, como a que está em minha casa no Rio, e que agora para sair dali não sei como será, como passará pelo corredor com a estante de livros que se multiplicou ao longo dos anos.

Na coleção, títulos que percorrem minha história por Paris.

Simone de Beauvoir, que conheci ainda antes de ir para a Europa, na FNFi, Faculdade Nacional de Filosofia, onde falávamos também de Eisenstein, Cahiers du Cinéma... de André Bazin. Marguerite Duras, na literatura e no cinema, Cahiers du GRIFF, que começou em Bruxelas e foi para Paris, com Françoise Collin que lembrará mais tarde como nasceu a revista: "Tínhamos vontade de ouvir a voz das mulheres". E revistas como *CinémAction* com o dossiê organizado por Monique Martineau: Le Cinéma au Féminisme, do outono de 79, Papyrus Édition, Paris.

Durante o curso na Bélgica, nos fins de semana íamos a Paris assistir aos filmes em cartaz nos cinemas. Houve um dia em que assisti a sete filmes. Passei a tarde e a noite nos cinemas, indo de uma sala para outra – filmes de todas as nacionalidade: indianos, mexicanos, produções que você não encontrava com facilidade.

E agora, no Cinéma de Cinéastes, vejo os *affiches*, vários cartazes de filmes. E fomos tirar uma foto com os equipamentos em exposição.

Segure! E tomei a película do filme entre os dedos, para um close das mãos. Não, tem que ser pela borda.

Para não manchar a película, o negativo? A pergunta da amiga que está pronta para disparar o obturador da câmera.

E faço que sim, mas digo ainda... é um "positivo".

Percorrer uma cidade de cinema... é caminhar pelos filmes e pela cidade. Passar pela ponte Simone de Beauvoir, perto da Bibliothèque Nationale de France, as curvas que ligam um lado ao outro daquele ponto do Sena. A Nova Cinemateca Francesa, com a luz natural na transparência do vidro. Em outro ponto que nos faz lembrar Beauvoir e Sartre, em Saint-Germain-des-Prés, o Café de Flore, que chama para uma pausa. Em Montmartre, a pequena sala no Studio 28 onde está o lustre desenhado por Jean Cocteau.

A velha pergunta... será que quando você é criança já sabe o que vai ser? Eu não sabia desenhar, mas fazia histórias em quadrinhos. Aproveitava os desenhos das várias revistas em quadrinhos que eu lia e montava a minha própria história. E depois, ainda as encenava com os meus irmãos, que já aguardavam a minha direção.

Durante os estudos de cinema na Bélgica, participei como estagiária de montagem de *Franz*, uma produção franco-belga com direção de Jacques Brel e atuação de Barbara. Olho para a foto tirada naquele dia de sol. Ele franze um pouco a testa pela claridade e sorri, e ela embaixo da sombrinha, séria, um leve riso no canto da boca, mantém seu olhar determinado.

Passei por várias aventuras cinematográficas com meus colegas da escola de cinema no INSAS - Institut Supérieur des Arts du Spectacle - quando trabalhávamos uns nos filmes dos outros para aprender. Nos últimos anos de minha formação, comecei a trabalhar profissionalmente em vários filmes de curta e longa-metragem, como continuista e assistente de montagem.

Nessa trajetória estrangeira, havia mais dois brasileiros, com os quais me associaria mais tarde no Brasil: Regina Veiga e Edgar Moura. Fomos também colegas de Chantal Akerman.

No Brasil, trabalhei em montagens de comerciais, de longas-metragens de outros realizadores, enquanto dirigia os meus próprios filmes nos fins de semana. A partir de algum momento, passei a fazer apenas os filmes de minha autoria. A cada vez que volto a Paris, renovam-se as aventuras de cinema. Como as de 2015 quando, além de projetar alguns desses filmes na Primavera Literária Brasileira organizada por Leonardo Tonus na Sorbonne, percorro as salas independentes da cidade. Você anda e de repente vê um cartaz, algo te chama... e já está comprando o seu bilhete para a sessão de um filme que você jamais veria caso não estivesse passando por ali.

SABOR BORDEAUX

IEDA DE OLIVEIRA

PARA UM PAPO E MAIS NADA. LA SEINE, TUA BOCA DIFUSA, trôpega de vinho, numa língua que me aquece insistente e voraz. Não, não é para os românticos, é para os céticos. Paris é para os céticos.

Passo em caminhada lenta, trilhando palmo a palmo o dedilhar de um pianista de rua alucinado de *jazz*. Sento e observo as mãos que o acompanham, em descida vertiginosa e incontrolável, enquanto as tuas, sob minha saia, afinam meu olhar. Sobre a ponte, um velho tenta se matar em paz. Sirenes, pedestres, polícia no esforço de desfazer o pequeno engano. *Monsieur, non, arrêtez... Il n'écoute personne...*

Havia cruzado com ele minutos antes num café. Impassível diante de um jornal, em suas notícias diluídas num copo de vinho. Depois, olhos cerrados de torpor.

Ele não pode morrer...

Uma ponte nos separa...

Tu, em lascívia neutra, passas a língua entre meus dedos, enquanto me detenho em secar o vermelho dos restos de um *bordeaux*. A sedução dos miseráveis. O velho. Saí dali perdida a abraçar tuas costas.

Ele não pode morrer... ele precisa morrer...

Uma ponte nos separa...

O velho insiste em saltar no tempo. Pele flácida, pelos brancos, enrugado, indecente. Como toda velhice, a dele despudora a qualquer distância. Mesmo assim, chego perto, tão perto que pressinto suas veias azuis vazias. Nelas, toda ou nenhuma razão cabe. Apenas gotas de sangue inaudíveis.

Desvio o olhar. Preciso de Paris, não preciso dele.

Uma ponte nos separa.

Arrêtez. Uma perna, depois a outra, entre gritos. Um barco a esperar o último passo. Ele para e observa. Vazio. Reparo em sua roupa gasta, igual aos olhos. Sapatos. Por que diabos alguém se mata de sapatos? Não ouso perguntar.

Não ventava. Sem *courant d'air* a cena permanecia estática. Como posso me lembrar de Marilyn Monroe? Um vento, e haveria requinte cinematográfico. Mas assim, quadro puído de poeira e tempo. Ele fez um movimento para frente, em meio a olhares curiosos. Vomitou em cena. O salto veio depois.

Tu, em lascívia neutra, passas a língua em meus cabelos. Retorno às tuas mãos. Beijo tua boca. Restos de saliva.

Seguimos nos esgueirando pela multidão do Sena.

Um toque de *cello* nos transporta, apenas ele.

Paris *bordeaux.*

Não soube mais do salto. Do amparo ou des. Não soube se se afogou no Sena ou na taça mais próxima. Uma ponte nos separa, enquanto outro velho grita na estação do metrô (por que grita e bebe tanto, se não vai ser ouvido?) a culpa é sua Mitterrand! A culpa é sua!

E, entre um escarro e um gole, cospe vermelho em direção a um homem de traços fortes e cabelos enrolados: *Paris, c'est fini!*

Uma plataforma nos separa.

No vagão, teu olhar escorre pelos meus seios em toque discreto. Lambo tua mão em sorriso. Somos alheios. A *Place des Vosges* nos espera em pássaros. Ela e Victor Hugo.

FIM DE TARDE EM CLICHY

LOBO

QUANTAS CIDADES DE PARIS EXISTEM? DENTRO DO CALEIDOSCÓPIO dos romancistas, poetas e cineastas de todos os tempos, uma em especial me encanta. Senti um calafrio nos miúdos ao ser convidado para o Salão do Livro de Paris, pois iria finalmente conhecer a cidade descrita no pequeno livro *Dias de Clichy*, do Henry Miller. Reli o livro com ganas pela enésima vez.

Estava chegando há mais de setenta anos atrasado para um encontro não marcado. Convidaria o jovem Miller para um vinho, enquanto beberia cerveja. Tinha poucas expectativas no encontro, eu mal falo inglês, francês nem pensar. Mas eu já havia planejado tudo, a sacanagem e a putaria seriam o suficiente para criarmos um vínculo, entraríamos noite adentro bebericando e observando as mulheres passando. Vez ou outra, um de nós soltaria um suspiro, ou cutucaria o outro chamando atenção para o amor que passava ao largo. Desci do metrô de Pigalle, no Boulevard de Clichy, pois tinha um compromisso: ser fotografado em algum bordel de baixo calão para uma série de retratos de autores. O fotógrafo usou sua lábia e conseguimos tirar algumas fotos no hall de um lugar cujo nome não me lembro paredes forradas de tecido vermelho surrado, muitos cacos de espelho e fotos de sexo. Findo o trabalho me vi, pela primeira vez, sozinho, perdido em Paris. Precisava da ajuda do Miller pra me encontrar, mas onde ele estaria? Certamente ele não estaria interessado, mas como o encontro seria imaginário, imaginei que ele pudesse se interessar em saber de toda a putaria que fiz no Brasil. Aquele país da América do Sul, conhece? Falaria do Rio de Janeiro, da praia de Copacabana e de como os franceses gostam de fazer turismo sexual lá. Claro, o convidaria para se hospedar no meu apartamento.

Sem mapa e GPS, eu não fazia ideia de onde estava nem para onde iria. Munido do meu aparelhamento de escritor flâneur, pés e olhos, resolvi caminhar a esmo. Me impressionou a fila de orientais, homens e mulheres, organizados para entrar no Moulin Rouge; eles não pareciam entender o que aconteceria em seguida.

Num momento vi o colega de quarto dele, metido num sobretudo, agarrado a uma garrafa de vinho. Tentei chamá-lo. Mas como era mesmo o nome do sujeito? Olhava para os lados e nada do Miller. Caminhei a esmo, sem saber aonde ir, olhava os nomes das ruas, mas não achava nada nem ninguém. Onde estavam aquelas pessoas interessantes, onde estavam as prostitutas bem-vestidas?

Sem saber o que fazer, sentei-me em um café igual a todos os outros, pedi uma sopa de cebolas e esperei o Miller imaginário dar as caras. Decepcionado, num arroubo decidi então procurar pela minha própria Paris. Mas pelo visto, ela ficava bem longe de onde eu estava ou estava em outro tempo.

PARIS, MEIO-DIA

LÚCIA BETTENCOURT

É FERIADO, ALGUMA DATA CRISTÃ QUE FAZ OS SINOS ressoarem gostosamente, desde cedo. Numa torre, quadrada e baixa, os sinos, aparentemente delicados, bimbalham. Noutra, esguia e alta, encimada por um telhado negro semelhante a um chapéu de mago, um sino único e pesado, forte, dá calmas badaladas, seguras - verdadeiras ordens que os fiéis não ousam desobedecer.

Subitamente cantos ecoam, ainda distantes, ininteligíveis. Depois, alguma palavras de ordem, distorcidas pela intervenção do megafone.

- Para Chartres! Avante!

Assustados os pombos se reacomodam nas árvores, para assistir a alguma coisa que a memória de seus ancestrais já lhes deu conhecimento, embora eles mesmos não saibam de que se trata. Uma passeata? Uma procissão? Uma cruzada?

As roupas divertidas e coloridas parecem coisa de festival. Homens e mulheres compartilham cores alegres, bandeiras artesanais. E eles cantam. Em francês, em alemão, em latim. E vão passando, em alas, carregando estandartes de santos. Aqui uma bandeira, ali outra. Aqui uniformizados, ali numa mistura ideal de trajes e fantasias de exploradores.

A moça para, envolta num xale, e fica observando o desfile. Um padre, jovem, atlético, não resiste ao encanto da jovem, de seus cabelos desalinhados, de seus ombros delicados e friorentos por baixo do xale florido.

Ele também para e a abençoa, com amplos gestos em cruz. A moça fica visivelmente sem jeito. Talvez ela pertença a outra religião, talvez se orgulhe de seu ateísmo, talvez seja apenas tímida, e se envergonhe da atenção publicamente exibida.

O padre segue seu caminho, retomando seu lugar no bloco do qual se destacara. A moça dá meia-volta e caminha em direção ao parque. Cheio de árvores e flores, o Luxemburgo ostenta suas fontes e estátuas, oferece seus bancos à sombra, ou as cadeiras indisciplinadas ao sol. A moça escolhe uma cadeira ensolarada, para se aquecer. Pega o livro de dentro da bolsa e finge que lê.

Passos rangem sobre a areia, mas ela não levanta os olhos. Talvez esteja lendo, de verdade. Ele se aproxima, malvestido, olhos febris, cabelos compridos e escuros, as mãos nos bolsos, a jaqueta insuficiente para a temperatura do dia. Encostado numa árvore, fica olhando a leitora, como se a estudasse. Depois, com um graveto, curva-se e desenha na areia o seu perfil sereno, a curva dos cabelos caindo sobre o rosto. Sorri para seu próprio desenho e começa a tecer, sempre com o graveto, uma guirlanda de flores na areia. Subitamente o graveto se quebra e ele olha, surpreso, à sua volta. A moça já não está mais sentada na cadeira sob o sol. Provavelmente sua pele delicada não aguentou tanta exposição, e ela foi procurar algum lugar mais abrigado.

O rapaz se acocora, faz alguns ajustes no desenho efêmero e também volta a caminhar pelas alamedas floridas, em direção ao bulevar. Mal ele se afasta, uma brisa começa a soprar, iniciando o processo de destruição de sua obra.

O jovem sai do parque e passa por um café, já cheio de turistas. Sua boca saliva com o cheiro do café, dos pães. Ele apressa o passo, para não aumentar as torturas da fome. Mais adiante, numa cadeia de sanduíches, sorri para duas americanas fogosas e de narizes vermelhos de sol. Elas tentam falar com ele em francês, ele tenta falar com elas em inglês. Convidado a sentar, tira da mochila um bloco e faz gestos de desenhar. Finalmente parecem se entender. O rapaz, ávido, desenha e pensa nos trocados que vai receber em troca.

Sob a árvore, um mendigo maltratado contempla a cena. Parece mais velho do que é, com sua barba grisalha, suas roupas imundas, que exalam um cheiro acre e desagradável. Seus cabelos estão longos demais, suas unhas sujas. Ele tosse. Ninguém parece percebê-lo, mas estranhamente, todos o evitam.

Um ponto de ônibus, ao lado da árvore, se enche e se esvazia cartesianamente. O movimento não é muito grande, afinal, é feriado. A rua, de vez em quando, se aquieta, e pode-se, outra vez, escutar os sinos, que continuam suas canções pela cidade.

Uma criança, num carrinho, atira para o mendigo o pão que já não queria mais. Os pais fingem que não veem, e continuam sua caminhada, seguindo a rua na direção de Cluny. Ao invés de parar no jardim, como era sua intenção, eles seguem para o Sena. O movimento aumenta a cada passo. Turistas formigam, desorientados, entrando e saindo de lojas abertas apesar da data. Tiram fotos, consultam mapas, esquecidos dos punguistas, que estão por toda a parte.

Um casal de idade sorri para a criança, que fecha o rosto, desconfiada. O casal desvia o olhar, aguarda o sinal que lhe permite atravessar e chegar à amurada do rio. Eles contemplam a água que faísca e vão caminhando em direção à Notre-Dame, para contemplá-la de longe. Num dia como o de hoje sabem que as filas estarão enormes e que não conseguirão entrar.

Quando chegam ao parque que emoldura a igreja de Saint-Julien-Le-Pauvre atravessam de volta e procuram um lugar para descansar. Observam a saída da missa, frequentada por católicos ortodoxos, que saem ainda agitados com as canções que cantaram e os instrumentos exóticos que tocaram. Os velhos sinos de Saint-Julien começam a tocar, e logo são abafados pelas poderosas badaladas dos sinos de Notre-Dame. Entre uma e outra badalada, os sinos das igrejas próximas se acomodam e todo o ar parece vibrar. Aqui os sinos de Saint-Severin, ali os de Saint-Nicolas. Eles julgam reconhecer até os rendilhados dos sinos da Sainte-Chapelle.

É meio-dia em Paris. O casal caminha, sem pressa. Vão tomar seu brunch num pequeno bistrô, cuja dona, oriental, deve, neste momento, estar preparando a mesa que reservaram para essa hora. Os sinos se aquietam. As aves voltam para seus galhos, depois da revoada assustada. O sol enfraquece, pois as nuvens, trazidas pela brisa, começam a se espalhar.

RIO-PARIS-RIO

LUCIANA HIDALGO

(Trecho inédito do romance a ser publicado em 2016)

MARIA E ARTHUR SEGUEM PELA CIDADE, A BATER PERnas pelos bulevares. Saint-Michel Saint-Germain rue Serpente rue Hautefeuille place Saint-André-des-Arts place Saint-Michel quai des Grand-Augustins pont Saint-Michel quai des Orfèvres. Ruas tortas serpenteiam até o Sena.

Arthur aproveita para contar vantagens, peripécias, andanças pelo mundo. Pretende-se um herói expatriado a rodar pelos continentes, girar nos calcanhares, cumprir oceanos. Mas aí, ao lado de Maria, parece pequeno diante das histórias, geografias e solidões que insinua. Tudo bem, pensa ela, a verdade agora não tem a menor importância.

Enquanto caminham, ele fala, gesticula, diz se equilibrar numa linha imaginária, traçada por pegadas invisíveis, num mapa-múndi sem polos, trópicos ou meridianos. E a certa altura estanca. Diz que esse ponto exato, esse pedaço de calçada onde pisam agora, é a interseção geográfica que os une. Há quem chame isso simplesmente de acaso, diz, simpático. E continuam, ele a segurar o braço de Maria no mesmo ponto, na altura do cotovelo, firme, vagabundeando a existência.

Ela se deixa mover por essa divertida, meio forjada, angústia de peregrino, indo com ele a lugar algum. É o que Arthur alega ser a verdadeira odisseia, uma ida a lugar algum, ou a um ponto qualquer que se poderia, só como exemplo, chamar Ítaca. Pelo visto, ele acha importante dar um nome ao destino final de toda busca. E essa erudição errática com ar de profundidade impressiona Maria.

Numa das escadas que despencam no Sena, ele a puxa e descem até a beira do rio. Faz um frio intenso, seco, *un froid de canard* como dizem os franceses, e patos deslizam no rio. Na altura do Pont des Arts, bem embaixo da ponte, dorme um casal de *clochards*. Eles se aproximam.

Há uma diversidade de objetos em torno deles, miniaturas de utensílios domésticos, móveis, livros. Dormem abraçados, soberanos do nada.

- É o casal mais bonito que eu já vi - diz Arthur, que há semanas os bisbilhota em sua privacidade pública.

Pouco a pouco ela chega perto, maravilhada pelo microuniverso. A cercá-los, a casa a que não têm acesso jamais existirá em grande escala. É uma espécie de maquete, ampla, iluminada com uma lanterna, como se em exposição permanente.

Pequenos sofás, mesas e cadeiras compõem a sala. A cama reina no quarto do casal, enquanto armários se embutem em paredes invisíveis. Panelas, porcelanas e talheres se prestam a refeições inexistentes. Num canto uma estante acumula livros minúsculos. A obra cenográfica dá conta de sua reduzida existência e ainda serve de mote para uma ficção que os faz sentir em casa.

– Eles são franceses, provavelmente do Sul, pelo que eu pude ouvir – conta Arthur. – Ficam aí nesse canto, bebendo um vinho barato, comendo o que têm, inventando histórias. Mas já vi os dois também ali pelo Halles, cuspindo fogo e ensaiando uns malabarismos...

Ele se comove com o casal, a cumplicidade, a ascese. Admira os *clochards* de Paris, que não chegam a mendigos. Dignos, alguns muito mal-humorados, se impõem na vida urbana, parte de uma marginalidade autônoma, a miséria como escolha. É, sem dúvida, a atração mais comovente da Paris de Arthur.

A essa altura a madrugada já avança, Maria mais flutua do que anda, com a impressão de ter encontrado a sua ítaca. Arthur: uma ítaca móvel, ambulante, flutuante, como devem ser as ítacas.

SERTÃO FELIZ

MARCELINO FREIRE

ESTE É UM TEXTO FELIZ.

Egoísta.

Um texto para meu umbigo. Porque hoje preciso.

Acreditar que, um dia, aconteci.

Em Paris, muitos dias.

Todas as memórias, glórias. Não há um pensamento que me venha que seja tácito. Nem magro de ruim. Em Paris sempre fui assim.

Simplesmente feliz.

Como quem vive no útero. Paris tem a cor do aconchego.

Onde a alma mora antes de nascer. Lembremos.

Minha primeira visita foi em 1996. Reservei cinco dias para viajar de Londres, onde eu estava hospedado, para Paris.

Vim por baixo das águas, sob o Canal da Mancha. O trem voava. O que era aquela pressão, nos ouvidos, no peito, senão a viagem em um ventre?

Paris é uma casa velha. O quarto que deixamos para trás quando ganhamos o mundo. A nossa primeira biblioteca. O casulo de um poeta. O centro de um livro.

A paz do pensamento.

Subi, logo no primeiro passeio à cidade, todos os degraus da Catedral de Notre-Dame. Mas era como se eu não subisse.

Todo passo em Paris é interior.

Corri, idem, para baixo da Torre Eiffel. E gritei o nome de Sertânia. Minha terra natal, no Nordeste do Brasil. Tenho até hoje a gravação, em câmera de vídeo, da oração que eu fiz. Devota e agradecida.

Ter conseguido atravessar o seco solo pernambucano e estar ali, nas saias da Dama de Ferro. O chão por onde tanta história já passou.

A morada dos artistas todos. Poetas, pintores, atores, músicos. No Museu do Louvre, minha alma criou calos nos pés. No bairro de Montmartre, no topo da colina, conheci os quadros de Salvador Dalí. Nas praças várias, migalhas de baguetes aos pombos. E o sol, em minha cabeça, nem parecia vir do alto. A Cidade Luz é um candeeiro antigo.

Um versinho que eu escrevi, à época, dizia: "Paris é o céu do sentimento".

Encontrei esse papel há pouco, perdido, no meio de um conto de Julio Cortázar. Existe muito de Cortázar nas linhas emblemáticas do metrô. Mais sub que superfície.

Visitei, por sinal, o túmulo do escritor argentino, enterrado ao lado da mulher, a fotógrafa Carol Dunlop.

Estão no Cemitério de Montparnasse.

Na última viagem que fiz a Paris, em 2015, pedi para o jovem amigo Vicente Cusin, gaúcho que estuda na Sorbonne. Quero ir aonde descansa o gigante autor de *O Jogo da Amarelinha*.

O mergulho, repito, é sempre intimista. Aonde desemboca o íntimo caminho da literatura que li e fiz. Paris me deixa comigo. Dei um abraço, atrasado, em Cortázar, banhado pelas sombras tristes que caem sobre as lápides. Não eram lágrimas que eu levava. Era um abraço antigo. Vivo e latino. Paris são esses laços. Consanguíneos.

Não é à toa que já, por duas vezes, em 2014 e em 2015, completei anos em Paris. Nasci no dia 20 de março. Nas ocasiões em que fui convidado, como escritor, para ir ao Salão do Livro, coincidiu. E refiz, ali, minha trajetória, longe do inferno astral.

Perdão. Sou um poeta maldito, Baudelaire. Todo poeta é maldito. Sei o sacrifício que foi escolher este ofício. Qual família pobre cria o filho para ser escritor? No entanto, é a literatura que me leva a viajar, adiante. Minha respiração possível.

Paris me oxigena, sempre, neste sentido.

Ajuda-se a respirar uma editora, por exemplo, como a Paula Anacaona. Traduziu para o francês e publicou alguns de meus contos. Fez o meu romance *Nossos ossos* virar *Nos os*. Minhas palavras fazendo parte de um mesmo corpo.

Quem diria?

Paula introduziu meus livros em algumas universidades francesas. Deu-me a chance de conhecer, in loco, a luta do professor Leonardo Tonus. A quem se deve, muito, a divulgação, lá fora, da literatura contemporânea brasileira.

Nunca fui tão brasileiro em Paris. Sertanejo, pernambucano.

Cheguei a cantarolar Luiz Gonzaga. Pelas ruas, nas palestras, desafinado. Entoei a canção "Asa Branca". Para dizer, aos amigos franceses, que falamos a mesma língua.

Um canto único.

Por sinal, apresentado por Paula Anacaona, tive a oportunidade de conhecer a pesquisadora francesa Dominique Dreyfus. Ela quem escreveu, até hoje, a biografia mais completa do Rei do Baião.

Nem em Sertânia. Nem morando no Recife. Nem hoje vivendo em São Paulo. Tento puxar pela lembrança. Vasculho na imaginação. Colho exemplos de outras diversas viagens que eu fiz. As paisagens por onde andei. Os cantos por onde pisei nesses anos.

Nenhum lugar no mundo me deu o que Paris me dá. Uma sensação de encontro. Uma festa só para mim, digamos. Eu que, em minha terra, nem costumo comemorar aniversários. E, muito menos, gosto de escrever textos felizes. Irreais demais para o tempo em que vivemos.

Mas o que fazer? Paris, para mim, é este lugar aonde eu sempre vou em minha direção. Onde se é o que se sente ser. Paris feliz. Sertão.

O QUE POSSO DIZER SOBRE A SENHORA P.

MARCÍLIO FRANÇA CASTRO

1. NEM A CONHECIA, MAS ANTES DOS DEZESSEIS JÁ HAVIA me apaixonado. Nessa época, quem mantinha encontros com ela era meu tio, que toda quinta-feira ia com hora marcada à mansão. Depois da visita, costumava passar lá em casa, para tomar um café e completar o dia, meio deslumbrado, enigmático, sem nunca dizer exatamente o que tinha ocorrido. Sentávamos na varanda, ele acendia um cigarro, ficava olhando o céu. De vez em quando soltava uma frase, um comentário picante ou cifrado, de um jeito que eu não entendia direito, e não era mesmo para entender, porque ele estava apenas cumprindo o que considerava o dever lateral dos tios - provocar, atiçar a imaginação.

2. Que eu saiba, a Senhora P. sempre habitou o palacete de número 55-A da rua das Flores. Dois andares de paredes grossas, cobertas de musgo, com um jardim geométrico na entrada. Ainda hoje parece uma espécie de museu, uma miragem de luxo no meio das casas comuns. Durante algum tempo, me lembro, sem que meu tio soubesse, eu escapava do futebol nas tardes de sábado e ia para a frente do palacete. Me escondia atrás de um muro de construção e ficava vigiando os homens e as mulheres que chegavam. Nunca testemunhei nenhuma confusão. Às vezes, no andar de cima, um vulto cortava a janela, altivo, esbelto, os cabelos se soltavam atrás da cortina.

3. Desde que comecei, por minha conta e risco, a visitar a Senhora P. – e isso já faz uns vinte anos – os protocolos não mudaram muito. Você chega, o empregado te recebe no portão, acompanha-o pela trilha entre os arbustos, te acomoda na sala de espera. Não reclamo de ficar ali, assentado na bergère antiga, as pinturas impressionistas em volta. Enquanto não te chamam para entrar, você passeia pelo jardim, vê a topiaria clássica, acaba aprendendo alguma coisa. Murtas, ciprestes, pinheiros, viburnos. Uma fonte no meio. No outono, amores-perfeitos; na primavera, tulipas e azaleias. Tudo muito bem podado, arredondado, simétrico. Alguns túmulos ficam escondidos nos fundos, mas nunca tive estômago para explorá-los. Quando o empregado enfim te convoca, a Senhora P. está em pé no salão, os ombros de fora, um lenço em volta do pescoço. Acende um cigarro, dá um sorriso discreto, como se você fosse o único.

4. Não é raro ver os amigos da Senhora P. duelarem entre si, disputando quem tem mais privilégios, quem seria sua melhor companhia. Batem no peito, se exaltam. Apegam-se a mentiras, ilusões, tolices. De minha parte, acho inútil toda essa vaidade, esse deslumbramento. Mal tenho o hábito de comentar meus encontros. Gosto só de observá-la – em silêncio, subterraneamente. De leve, tocar-lhe o rosto: a fronte larga, quadrada, soberba como os seus vestidos. E se, no meio da visita, ela se empolga

com um de seus quadros ou livros, é capaz de avançar pela noite contando a história da peça, sua genealogia aventuresca ou espúria. O mesmo acontece com as roupas, a música, a comida. Ninguém sabe ao certo de onde vem tanta erudição, e a verdade é que me perco quando ela decide exibi-la. O que me atrai na Senhora P., o que de fato me seduz nela, é sua inquietude, seu apetite silencioso e voraz – que envenena secretamente os sentidos.

5. Dependendo do humor, ela te leva para o andar de cima. Não posso afirmar que essa seja a melhor parte da visita. Há ali um aposento amplo e rico, com assoalho de madeira, uma cama de pés esculpidos. A janela traz para dentro o pomar. Os móveis pesados, o excesso, isso de algum modo me intimida: chapéus, espelhos, leques, caixinhas de toda cor. Uma escrivaninha, um baú, uma ninhada de gatos de vidro. Ela se deita, acena para você aguardar. Tira os sapatos, sopra lentamente a fumaça do cigarro. Vejo por uma fresta a água suja da banheira, o resto de outros visitantes. O contato mais próximo com ela, mais caloroso, por assim dizer, acaba me roubando o prazer da contemplação. Uma confusão de perfumes – mas nenhuma intimidade se revela. Às vezes bate uma melancolia danada. Na hora de me vestir, não consigo tirar o olho do quadro antigo que ela adora: uma bandeja de frutas apodrecendo bem em cima da cama.

6. Aguardá-la na sala de espera – foi o que disse – não me incomoda. Mas é preciso completar: o encontro já começa aí. Um prólogo de páginas vazias – para limpar os olhos, desembaraçar-se. Assim a Senhora P. purifica seus convidados, como se o tempo de cadeira servisse para livrá-los da ansiedade, dos pensamentos pobres. Esse jejum em forma de horas é, sem dúvida, um dos elementos mais importantes de sua arte de amar.

7. Evidentemente, a Senhora P. foi educada em várias línguas. Se você se mete a falar alguma delas – o francês, por exemplo – é bom que não gagueje, que não tropece nas palavras. A gramática da Senhora P. é exigente – não há indulgência com seus interlocutores. Por trás das expressões polidas, das etiquetas e mesuras, ela exercita uma cobrança implacável, uma cobrança que recai sobre ela própria, que a faz desculpar-se de tudo e que também te contamina. Já me aconteceu sair exausto do palacete, de seus rituais, e nessa hora meu desejo é procurar um bar sem dono, lotado, com pessoas falando alto e se esbarrando, apenas para me sentir incomodado. Incomodar-me, desejo. Em dias assim, quando o portão do palacete bate atrás de mim, não me sinto um aristocrata, um barão, mas o bruto que foi parar no endereço errado.

8. As experiências e a loucura, você sabe, moldam os nossos sonhos. Com a idade, cada um cria seu próprio repertório. No mundo dos sonhos, a Senhora P. é para mim uma moradora permanente: faz parte da minha mitologia. Tal como alguns sempre são capazes de voar em seus sonhos, e outros, falar uma língua estranha, tal como é possível, por sobra de afeto ou amor, habitar sempre a mesma casa, em meus sonhos ou pesadelos, toda vez que quero me deliciar ou fugir, me socorro da mansão da Senhora P. Como numa mágica, olho para o lado e vejo uma porta. Bato na aldrava dourada, entro, dou em um vestíbulo. Ali troco de roupa, saio por outra porta - estou na sala da mansão. Assim, nos sonhos mais angustiados ou perigosos, esquivo-me de qualquer ameaça, de um assalto, um abismo, fujo de cães e catacumbas, para encontrar a Senhora P. - e beber com ela, lentamente, uma garrafa de vinho tinto.

9. Nenhuma mulher, entre todas as que frequentei, consegue ser tão generosa com os malditos, os suicidas, os loucos. Mas a Senhora P. continua a reclamar do barulho, do tráfego, das torres de vidro, do comércio. Fecha as janelas, busca refúgio em sua cozinha, no seu salão de chá. Não consigo imaginá-la jovem; para mim, é como se ela já tivesse nascido uma senhora. Seus olhos, claros e grandes, vibram como nos anos vinte, suas manias vêm do século 19. Mas ela ama no tempo do instante - e talvez seja essa a chave de sua sedução.

10. Sei que você quer conhecer a Senhora P. O que posso te dizer sobre ela, no entanto, não é muito. Digo apenas que não se apresse, que não se engane. Quando, por um momento, ao se deitar com ela, você conseguir se livrar do fantasma de seus amantes, quando, por um momento, você achar que corrompeu seu terrível olhar esverdeado, cuidado. Nesse momento, meu amigo, você já a perdeu.

DIÁRIO SENTIMENTAL DA PONT MARIE

MARÍLIA GARCIA

(excerto)

01 fev, 10h

"No dia 11 de outubro de 1614 a primeira pedra dessa ponte foi colocada pelo jovem Louis XIII e sua mãe, Marie de Médicis. Construída por Christophe Marie, construtor de pontes na França, ela ligou o bairro Saint-Paul à ilha Notre Dame, na época deserta, e possibilitou a criação da futura Île Saint-Louis."

02 fev, 9h58

Chego à Pont Marie 401 anos depois.
Atravesso a Pont Marie com 115 passos.
Isso aqui é uma expedição à Pont Marie. Todos os dias às 10h vou até a ponte e faço uma foto no mesmo ângulo. Uma foto diária que possa dizer algo sobre estar aqui. O tamanho das pedras, a cor das placas, o fluxo do rio, tudo pode dizer algo sobre estar aqui. Ainda não sei o que preciso saber.

03 fev, 09h58

Saio de casa, tranco a porta, chamo o elevador, o elevador abre a porta e as primeiras palavras do dia na voz na gravação: *4ème étage / Sens: descente* - e no térreo: *rez-de-chaussée*. Saio, atravesso o pátio interno, abro o portão, o rio verde está ali, caminho até o sinal. Atravesso dois cruzamentos para chegar no ângulo exato, onde começa a ponte, e faço o clique silencioso na tela: a imagem fica pausada.

04 fev, 10h01
Ele diz, *as coisas são as condições de luz.*
Nessa época a luz ainda é fraca. Como fazer para ver as coisas?
Uma mulher está rente ao poste: o cabelo ao vento em movimento congelado, um pé mais à frente que o outro. A luz está nas coisas, eu não a vejo.

05 fev, 9h58
Hoje é um dos dias mais frios do ano. Este é o mês mais curto do ano. Agora as coisas são as condições de luz. Não tinha previsão de neve para hoje, mas o termômetro marcava -2°C. De um lado da foto, o ciclista de gorro preto parado no tempo. Do outro lado, um grupo de 4 pessoas conversando: uma mulher de chapéu vermelho e mochila; outra de cabelo comprido; de costas, um casal conversando com as duas. Não lembro o que havia no percurso até lá. Faço o mesmo trajeto todos os dias, a rotina produz uma única imagem do gesto repetido.

06 fev, 10h
"Um livro sobre essa cidade não deve apenas conter a descrição de seus monumentos, os detalhes que abarcam as ciências, artes, comércio, etc.; o viajante deve ainda encontrar nele instruções adequadas para guiar seus interesses e passeios numa cidade cuja população é, por assim dizer, um amálgama de indivíduos de todas as nações do globo."

07 fev, 10h02

Hoje as poças no chão estão congeladas, o vento corta o rosto. Na ponte, um caminhão parado no sinal sobre a faixa de pedestre. Olhei o relógio, dez horas. O caminhão anda e eu tiro a foto. Anna Akmátova conta que contra o frio escreve com os pés sobre tijolos quentes. Hoje a luz está diferente, quase dá para tocar o real. Ontem nevou. Volto para casa com pressa e leio a placa na porta de entrada: *Vigipirate, alerte attentat*.

08 fev, 10h

Copio um trecho dos *Diários* do David Perlov:

"Maio de 79. Compro uma câmera. [...] Para olhar de outro modo as coisas, quero me aproximar do cotidiano. Leva tempo aprender como fazer."

Atravesso a ponte com 115 passos.

09 fev, 10h03

Uma pessoa atravessou a rua na hora da foto. Ela não olha para a câmera. Não sei se me viu. É como se eu não estivesse na sua frente. Godard diz que seu filme *JLG* não é uma autobiografia, mas um *autorretrato*. É um autorretrato cheio de paisagens. *Há país em paisagem*, diz ele.

10 fev, 10h03
Parece que existe um fantasma da Pont Marie. Chego à ponte pensando nessa francesa casada com um resistente que, durante a ocupação, teve um caso com um oficial nazista. Uma noite aguardou o amante na ponte e ele não veio. Morreu congelada ou caiu no rio.

11 fev, 09h59
Caminho ao *rés do chão*: sempre achei que essa fosse uma palavra francesa. Ontem disse que os poemas dela eram muito "rez-de-chaussée" e ela me disse que não entendia o que eu queria dizer.

12 fev, 10h08
Todos os dias leio a mesma placa: *Quai des Célestins*. Preciso atravessar 2 cruzamentos para ir de uma esquina até outra. O que entra na foto depende do tempo que levo pra atravessar e do lado que escolho tomar. No enquadramento vejo 5 pedestres, 2 ciclistas e uma sombra a mais no muro da ponte. Não sei se alguém se esconde atrás do ciclista ou se é a sombra de alguém do outro lado da rua. O céu azul. Como ver o que não está ali?

13 fev, 10h44
Hoje faz sol, as pessoas andam sem pensar em seus passos.
Ao inclinar o corpo pra frente, trocamos o peso dos pés.

Atravesso a Pont Marie com 115 passos.
Como se dá o primeiro impulso?
Resolvo fazer linhas pela cidade. Procurar um modo de fazer linhas. Linhas que possam continuar.

14 fev, 10h12
Um dos dias mais frios. Tinha gelo no chão. Ando rápido para não congelar. Paris nunca estivera tão azul. Entrei na sala um pouco atrasada, não vi ninguém ao redor. Depois pronunciaram seu nome e não entendi. Nas planícies, quando se diz o nome de alguém querido, a voz treme um pouco.

15 fev, 10h12
Segundo uma tradição chinesa, quando alguém tem algo que não pode contar, deve subir numa montanha, escolher um buraco entre as pedras e dizer ali o seu segredo. Isso aqui é a primeira pedra de uma expedição.

IMPRESSÕES DE PARIS

MÁRIO ARAÚJO

A PRIMEIRA VEZ QUE ESTIVE EM PARIS FOI NUMA TARDE distante de 1982. Depois que a viagem terminou, eu saí andando lentamente pelo calçadão da Rua XV de Novembro, rumo à Praça Rui Barbosa, de onde ainda hoje partem os ônibus para os bairros da região sul da cidade. Fui caminhando e pensando nos impressionistas que acabara de ver na aula de História da Arte, uma das minhas preferidas no curso de Educação Artística que eu frequentava na Universidade Federal do Paraná. Naquela época, eu jamais havia ido à Europa e, com poucos livros em casa, tinha apenas uma vaga noção do que era arte moderna. E foi graças aos slides borrados mostrados pela professora (eles próprios impressionistas se comparados ao realismo que a tecnologia atual confere às imagens) que dei início à viagem da imaginação que, anos depois, me levaria algumas vezes à Paris real.

A primeira vez que estive na Paris real, de carne e osso, aconteceu doze anos depois. Lá estava eu, em pleno Beaubourg sem conseguir encontrar o Centro Georges Pompidou. Atrapalhado com o mapa que queria voar das minhas mãos, preparei-me para pedir informação a um transeunte. Estava morrendo de medo de ser massacrado pelo parisiense ríspido que habitava meu imaginário. Certo de que o lugar que eu procurava estava bem debaixo de meu nariz e de que isto faria meu interlocutor explodir de desprezo e impaciência, dirigi-me a um casal que passava. O fato de serem dois, de andarem devagar e de parecerem felizes me deu coragem - talvez fossem mais condescendentes com minha ignorância. Por outro lado, se não o fossem, seriam dois a rir a da minha cara. Mas agora era tarde: quando aventei a hipótese do escárnio em dose dupla, já tinha feito a pergunta - não há como salvar as palavras depois que elas se precipitam para fora da sua boca, a língua como o trampolim de um salto mortal. Mas, para meu espanto, o casal apenas sorriu e apontou para o que eu buscava: logo ali, às minhas costas.

Não pude deixar de recordar essas duas cenas do passado quando estava diante do Musée d'Orsay, no início da primavera de 2015, aguardando para rever os impressionistas, agora não mais em slides precários. Enquanto enfrentava a longa fila sob a chuva, com meu guarda-chuva adquirido minutos antes de um ambulante asiático, e que se desfigurou à primeira expiração mais forte do vento, tentava me lembrar dos rostos de meus colegas naquelas aulas remotas. Como tinha tempo de sobra, lembrei-me de vários deles, dos rostos e dos nomes. E dos professores, dos livros que líamos, das indefectíveis apostilas, do desinteresse generalizado. Ao sair do museu, como se estivesse no calçadão da Rua XV trinta anos atrás, fui embora caminhando. Primeiro por avenidas largas, mas logo, atendendo aos apelos da minha timidez, por ruas estreitas e secundárias, admirando os prédios antigos, tão velhos quanto a modernidade.

Notícias chegam do novo mundo afirmando que a Europa é o passado. Num bistrô, um garçom senegalês me diz que o futuro está na África, e não na França. Mas eu vivo no presente, e sigo caminhando, pensando que está tudo certo, pois a Europa é o passado mais ou menos desde o tempo em que o Brasil é o futuro, e isso já faz muito tempo. E já ouvi dizer também que Paris é uma cidade cenográfica. E o que significa ser uma cidade cenográfica? Significa que não é real. Que ao me sentir bem aqui, extasiado com sua beleza, estou vivendo uma ficção, apartado do mundo verdadeiro. Mas que azar! Justo agora que estou aqui, na Paris real - e não mais sonhando na sala escura durante uma sessão de slides -, me dizem que ela não é real, e que o mundo real é feio e violento. Sou eu que não o estou enxergando, na medida em que me limito a olhar as fachadas históricas, cego para os traficantes de drogas e os desvalidos de toda espécie nas esquinas. Sou um estúpido, assim como são os turistas, os flâneurs e os demais admiradores de belezas.

Sim, mesmo depois de ter saído do mundo artificial do museu e da sala de aula escura, continuo preferindo os traços imprecisos, a miopia proposital de um mundo de sonhos. Se há uma periferia violenta e raivosa não longe daqui, penso nela apenas de modo fugaz, e se há favelas crescendo bem na minha cara, sua feiura me parece apenas circunstancial. É de um parisiense famoso, que há pouco concluiu seu mais novo filme, a frase que me acompanha por todo o caminho até o hotel, e então por todas as horas até o fim desta minha estada em Paris: "Todos que não têm imaginação refugiam-se na realidade".

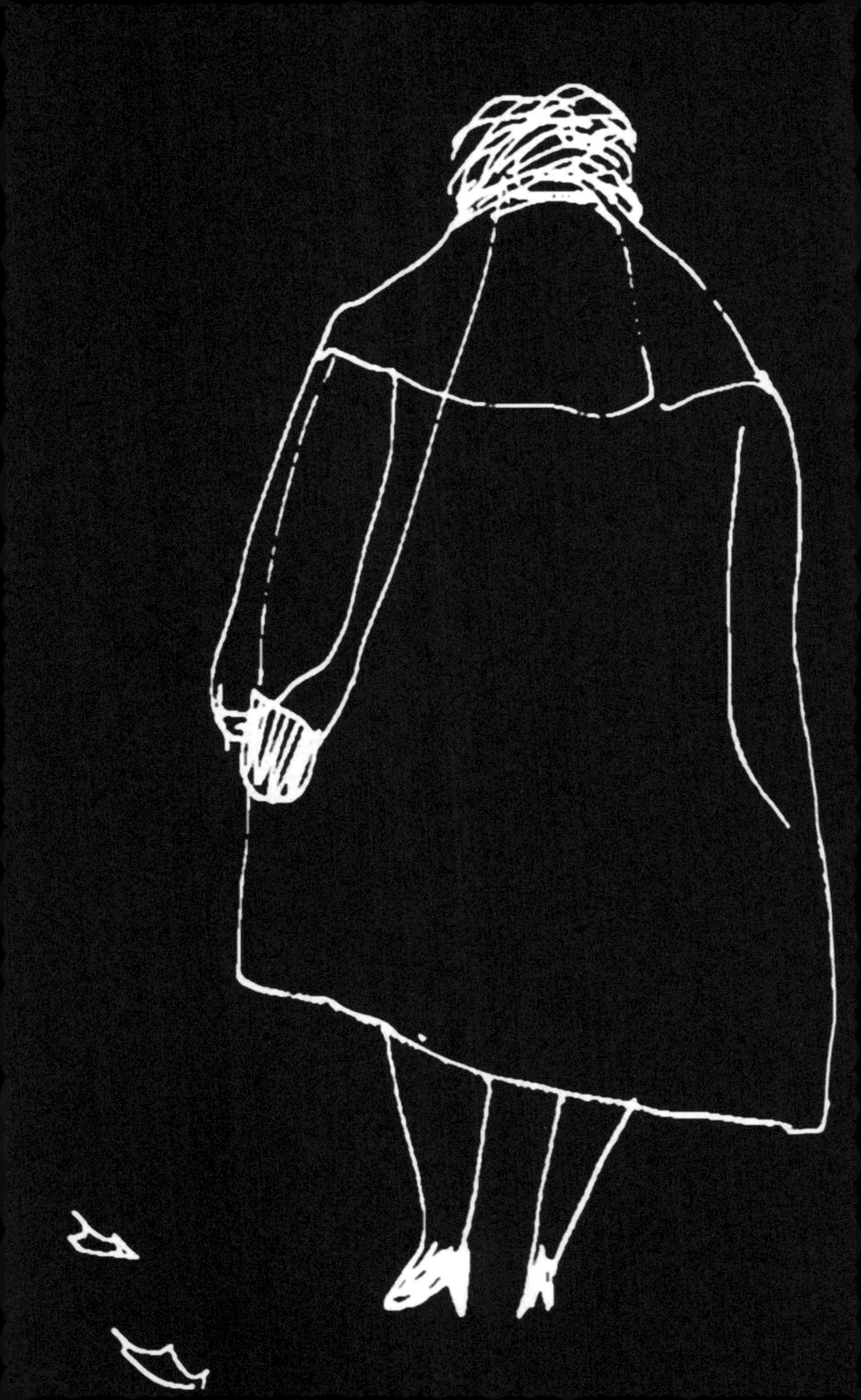

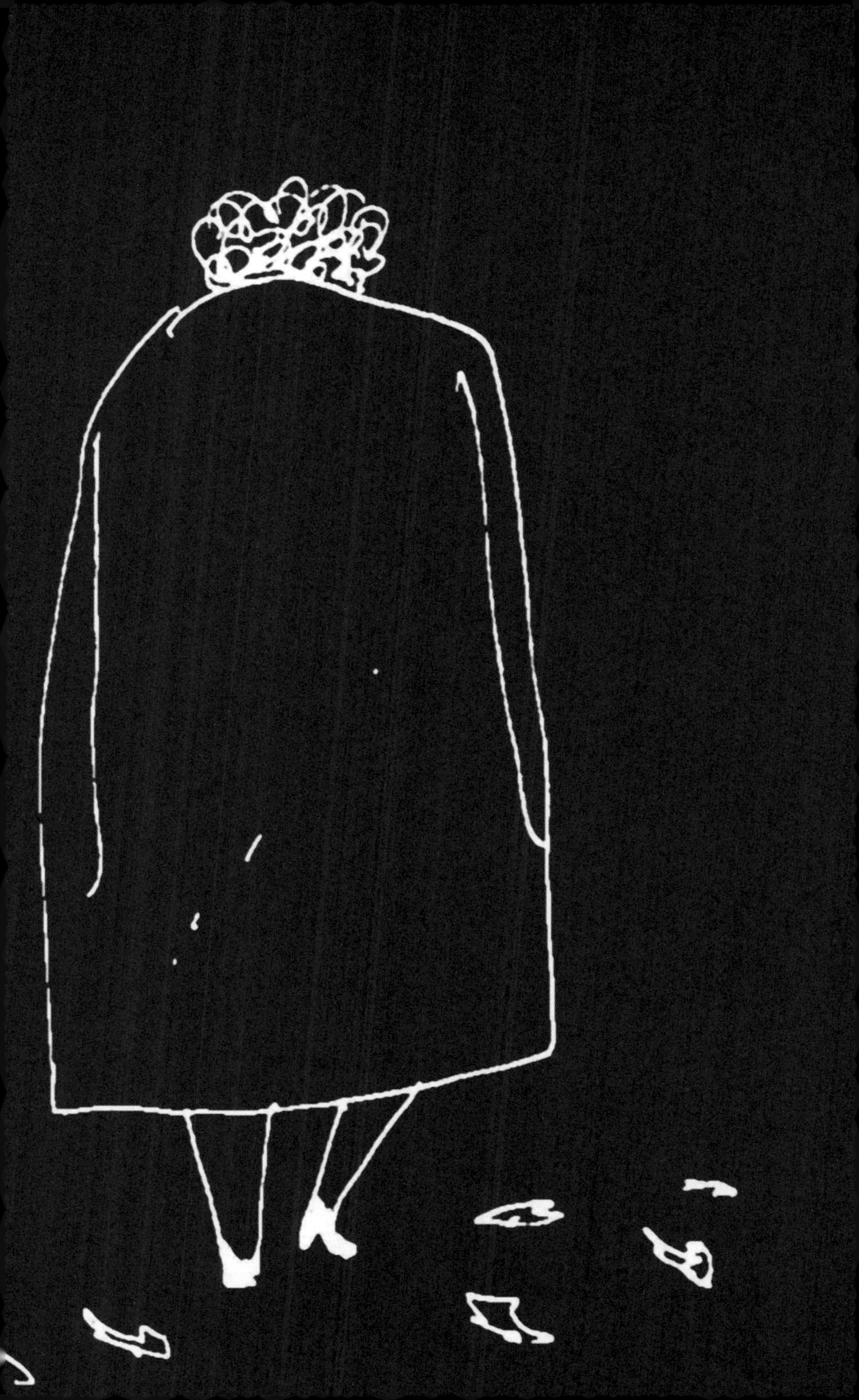

IBIS REDIBIS NON MORIERIS IN BELLO

NATÁLIA BORGES

NO INÍCIO DO VERÃO ELA SE ENTREGOU, MESMO DEPOIS da queda, minha orquídea manteve suas flores intactas durante todo o mal-humorado inverno francês. Depois, soltou as pétalas, como se não precisasse mais resistir. O tempo era propício para recomeços, para estar verde de novo. Sinal sonoro e as portas se fecham. Troco de linha em Charles de Gaulle Étoile, bem abaixo do Arco do Triunfo. Antes era necessário prestar muita atenção às direções, às cores, aos números, às estações a evitar. Agora ando rápido, como essas gentes daqui, que têm todas as caras do mundo e ainda guardam olhos crus. Gasto tempo imaginando o que está acima de mim quando dentro do metrô, refaço as linhas coloridas dos mapas numa cartografia mental e povoo a cidade com memórias e desejos. Vez em quando me imagino emergindo da longa escada rolante de Télégraphe e encho os pulmões para acordar a minha própria superfície no topo de Paris. Meia-noite. Sento desengonçada com vaso, orquídea, bolsa e garrafa. É difícil equilibrar a vida, depois de tanto vinho e coquetéis de rum no bar em Bastille, de onde eu deveria ter pegado a linha 5, descido em Ourcq e subido até o número 46 da Rue d'Hautpoul, digitado o código da primeira porta, depois o da segunda, o do elevador e, finalmente, entrado em casa. Mas não. O homem que eu tinha conhecido no bar, com o qual eu tentei puxar assunto para praticar a língua, porque são essas as coisas que se fazem quando se está num país estrangeiro, me ofereceu uma orquídea e eu aceitei ir buscá-la. *C'est une orchidée rare! Une plante parasite qu'on a trouvée au Jardin d'acclimatation, on dirait qu'elle était secrètement amenée et plantée là-bas pour les sauvages de l'exhibition de 1892,* ele me disse e fez aspas no ar em *sauvages.* Acho que foi alguma coisa que eu não compreendi da conversa ou que ele não compreendeu do meu *français* do mesmo modo *sauvage.* Só sei que por essa incompetência recíproca, de repente eu falava com uma mulher no celular dele e dizia *d'accord, d'accord*: era preciso ir até *Les Sablons* para pegar a planta. Saio do bar, descubro que o homem, cujo nome não lembro ou nunca soube, não iria comigo. *Sauvage,* repito para mim mesma e rio. Penso na linha 5, mas meu corpo me leva até a 1: *direction La Défense.* Sigo num vagão onde o ar não é azedo. Desço. *Boulevard des Sablons* até *Maurice Barres.* Venta terrivelmente. Encontro a casa. Uma senhora abre a porta, me perguntando se eu gosto tanto assim de flores para aparecer lá naquela hora. *Sauvage,* penso. Constrangida, minto que adoro flores. Ela sacode a cabeça e me manda esperar já andando em direção a uma porta cheia de bibelôs, espelhos, corações e fitas pendurados. Na TV passa uma propaganda de iogurte altamente sensual, os franceses levam a sério os derivados do leite. Fico enjoada, e penso na mistura de vinho e rum no meu estômago. Desvio o rosto e vejo uma flor branca, amarela e lilás com pintinhas marrons.

Chego mais perto. É linda. A velha reaparece com uma garrafa e faz um sinal de que aquela é minha a flor. Eu aponto para a garrafa e digo *champagne*. Ela me corrige dizendo *cremant*. *Sauvage*, deve ter pensado. E estende a mão com a garrafa sem rótulo para mim que pergunto *pour moi*? e ela diz *mais oui* e eu digo *d'accord d'accord*. Eu sempre dobro o acordo no francês, como se eu quisesse garantir uma paz mais necessária a mim do que ao meu entorno. Agradeço *merci beaucoup* e ela me agradece de volta *merci à vous*. *Au revoir bonne nuit* e eu retribuo com as mesmas palavras e ainda agradeço mais uma última vez levantando a garrafa enquanto ela retribui *encore* os agradecimentos e mais alguns adeus. Se ninguém cortar o ciclo da polidez francesa, ele pode se estender por horas, então eu termino *à vous aussi* e viro as costas sem dar tempo de que haja mais desejos de qualquer coisa. *Sauvage*. Saio de lá com bolsa, garrafa, vaso e orquídea, pego a linha 1 *direction Château de Vincennes*, depois a 2, e paro em pé num canto entre a porta e o banco retrátil, penso que ainda não entendo os franceses, sua polidez e seus carinhos ríspidos, suas frases sem lacunas entremeadas de longas vogais, e a falta de toque. *Pardon*, escuto. Alguém me pede passagem. Eu cedo e olho para a janela: *Pigalle*. Penso em Toulouse-Lautrec abraçado em 3 dançarinas acima de mim no *Boulevard de Clichy*. Por um momento penso se é mesmo Paris. É impossível se perder em Paris. E me corrijo: é impossível se perder por muito tempo em Paris. Desço em *Jaurés*. *Pas de métro, madame* me diz a mulher com filho amarrado nas costas em coloridos tecidos africanos, ela volta da linha 5. Saímos da estação, ela para um lado do canal e eu para o outro, e vou a pé para casa. As ruas, apesar de frias, estão vivas. Chego. Primeiro código, segundo código, código do elevador. A cidade é cheia de códigos, decifrá-los é parte da vivência. Quarto andar, não tem elevador depois, a escada se estreita no último andar, enfio a mão para pegar a chave, o vaso escorrega, rola dois lances e se espatifa, deixando terra espalhada. *Sauvage*. Carpete vermelho gasto e agora sujo. Os vizinhos aparecem para ajudar, não sem antes dizer que era preciso tomar mais cuidado; que há crianças dormindo, *vous voyez, madame?* As raízes da orquídea expostas, eu, bêbada e cansada, sem entender bem o que diziam, segurando firme o caule, a bolsa, a garrafa, as flores comoventes, perto do meu rosto não pareciam fazer efeito algum. *Il faut faire attention. Desolée, je ne comprends pas*. Sotaque exposto, minhas raízes expostas e um alívio. Eles compreendem que eu não compreendo totalmente os códigos. *Sauvage?* Fecho a porta. Entro. Replanto a orquídea no vaso das suculentas, raízes afundadas. Me imagino voltando ao corredor, limpando a sujeira, enfiando a mão na terra, mas não vou. Respiro. Me dou conta de que não passarei o verão aqui e que é preciso ir embora. Sento na minha varanda, olho entre os prédios a imitação do templo de Sibila, bem em cima do monte do parque *Buttes de Chaumont* e penso nas coisas que estão abaixo e acima da terra. E de nós. E penso também que acima do acima da terra tem o horizonte. E penso nos códigos, nas lutas diárias, nas vírgulas ambíguas, nos fonemas impronunciáveis e que vim e agora retorno para minha própria terra para recomeços selvagens.

O VENTO, NA PERIFERIA

ROBERTO PARMEGGIANI

“Qual bizarro basbaque, afoito eu lhe bebia
No olhar, céu lívido onde aflora a ventania,
A doçura que envolve e o prazer que mata.”
CHARLES BAUDELAIRE, “A uma passante”

O vento, na periferia, sopra sempre mais forte. Você pode tentar se cobrir com os trapos ou se agarrar ao pó que ele deixou para você.

No melhor dos casos, você conseguirá sobreviver. Porque viver é uma esperança da qual você foi excluído. Os edifícios, todos iguais, confundem. Como se a estética repetitiva pudesse nivelar as diferenças.

Como se viver em casas todas iguais tornasse tudo igual.

Como se.

O vento, na periferia, sopra sempre mais forte.

E sempre na mesma direção.

Você pode tentar alterar o seu percurso ou enganá-lo trocando de roupa.

Mas ele sempre descobrirá o caminho para te encontrar e te deixar nu na frente de expectativas inalcançáveis. Como se o eco de tantas oportunidades fizesse parecer, ao mesmo tempo, tudo possível e, tudo, terrivelmente inacessível.

Como se.

Ela voltava sempre na mesma hora.

Fechava a porta daquela casa estrangeira e, sem pressa, andava por aquele caminho, o mesmo todo dia, que conhecia como se conhece uma vida que se gasta sempre idêntica.

Não se espera nada e, ao mesmo tempo, não se tem medo de nada.

Descia as escadas do metrô St. Michel.

Subia no trem.

E se deixava transportar de um ponto para outro.

Do centro para a periferia.

De um mundo, aquele, para outro mundo, o seu.

Achava que voltar era mais fácil.

Como se o vento, empurrando-a, diminuísse o esforço.

E voltar, de algum modo, significasse se livrar de um peso e sentir algo parecido com uma desconhecida liberdade.

Descia do trem.

Subias as escadas do metrô Porte de Clignancourt.

E toda vez, ao sair ao ar livre, aquele arrepio que partia das orelhas, atravessava as costas até chegar nas pernas que, por um segundo, vacilavam.

Era a consciência, cada dia sempre mais forte, de que a cidade que o mundo inteiro chamava de Ville Lumière na realidade escondia um lado escuro.

E que ela olhava e ansiava aquela luz, mas, no final, conseguia se alimentar só daquela escuridão.

Por isso, quando pisava no último degrau, toda vez, parava.

Parava na frente daquele gueto que a forçava a virar a cabeça e olhar para trás.

A via de longe, a cidade.

De fora, uma concha sem alma.

No seu olhar, desejo e desprezo.

Era como se a distância permitisse ver realmente o que, uma vez tão perto, não dava para ser enxergado.

Pensava, e a distância a ajudava a pensar, que no fim das contas é a luz que é enganosa e que é ela que esconde a escuridão, não o contrário.

E que, então, a luz é uma ilusão, enquanto a escuridão é uma realidade, pelo menos para ela.

O vento, na periferia, sopra sempre mais forte.

O vento, porém, é democrático.

Não escolhe.

Ele passa e carrega quem está no lugar, no tempo e na disposição certa. E quem aceita.

O vento soprou também aquele dia, e ela, desta vez, se deixou carregar.

Naquele dia não parou nem virou a cabeça para trás. Naquele dia, ela aceitou olhar para frente. Decidiu que a luz não tinha mais que ser um desejo insatisfeito.

Por isso fez um pedido para o vento.
Só um:
"Por favor, não pare, nunca mais."

GRATIDÃO, PARIS

RODRIGO CIRÍACO

UMA BANDA DE JAZZ NO SUBSOLO, IMPROVISANDO NO metrô. Uma cigana cantando a capela, tocando a alma no vagão em direção à Couronnes. "Pode cantar para mim, de novo?" O solo custa dez euros. Mais dez para ler a mão. "Vejo um futuro brilhante." Sim, é Paris o futuro em questão. Bicicletas em atacado, ao alcance dos pés. A arquitetura de Haussman, barão da transformação (ou destruição?). A história em contornos de concretude, cheiro e tradição. Em qual destas ruas e avenidas os huguenotes em uma noite de São Bartolomeu encontraram a perdição? Em qual casa mais se chorou quando Paris sobre o ditador caiu? Qual coração mais vibrou quando a fênix resistiu e se levantou? Quem estende a mão para a muçulmana ajoelhada, as mãos em reza, copo de M amarelo maiúsculo colocado sobre o chão esperando o trocado, a ajuda, o olhar, atenção? Dez, vinte, trinta minutos, nem um centavo. Na Champs-Élysées olhos e narizes estão para cima, admirando as vitrines de luxo e ostentação. Quanto destes ouros partiram de meu país? Quanto destas pratas foram retirados de meus sulamericanos irmãos? Quantos diamantes foram sequestrados do continente africano em troca de balas, chicotes e opressão? Quantas histórias a ensinar? Quantos filósofos, escritores a te rever? Em quais bancos e cafés Sartre, Simone de Beauvoir, Foucault sentaram simplesmente para ler? Quantos dias no Louvre é necessário para te conhecer? Mais do que o sorriso da Gioconda, foram as múmias e Moais que mais me impressionaram a crer. No humano e sua imaginação. Sua capacidade de realização. Paris é um sonho. Desejo e contestação. No alto da Torre Eiffel, a vista mais bela: a cidade de poucos prédios altos, pés no chão. O encontro de muitos mundos, a tolerância em discussão. Paris foi meu Arco do Triunfo. Na literatura, portas abertas ao mundo da ficção. Em meu país, "literatura marginal", em Paris literatura de redenção. A minha redenção. Escolas e estudantes a conhecer, universidades a visitar. Salão de Livro a se apresentar. Sonho a se realizar. O menino que nunca passaria na maior universidade de seu país se formou. O jovem que passaria fome e não viveria de seu trabalho agora (com tudo pago) viajou. O homem um dia humilhado pelos barões de títulos acadêmicos agora é convidado, com pompas e cerimônias, a seu trabalho na Universidade apresentar, a se expor. Paris sempre foi sombra: imaginação, história e possibilidade. Hoje entendo quando se diz cidade-luz: memória e imaginação. Para mim, uma cidade de encontros. Realização. Uma cidade para além dos meus sonhos. Reconhecimento. Uma cidade traduzível em apenas uma palavra. Gratidão. Gratidão, Paris.

PARIS, MINHA AMIGA DE INFÂNCIA

SÉRGIO ROVERI

CONHECI PARIS AINDA MENINO, NAS PÁGINAS DE UMA velha enciclopédia Barsa cujos volumes, grossos e de capa vermelha, ocupavam praticamente toda a estante da casa da minha vizinha Teresa. Na casa de Teresa, além da enciclopédia Barsa, tinha também um telefone. E estes dois tesouros, enciclopédia e telefone, de tão raros naqueles anos da minha infância em uma cidade do interior, faziam do sobrado de Teresa um pequeno castelo futurista. Eu estava com 11 anos e tinha acabado de entrar no ginásio. Pela primeira vez em minha curtíssima vida acadêmica, eu iria saber o que era ter um professor para cada disciplina - ao contrário do que eu experimentara nos quatro anos passados no curso primário, em que tudo nos era ensinado ou pela Dona Walkyria ou pela Dona Luci. Na época, era assim que nos dirigíamos às professoras. Somente anos mais tarde é que elas passaram a ser conhecidas como *tia*. A maior novidade daquele primeiro ano do ginásio, no entanto, é que passaríamos a ter aulas de francês com uma professora que, de longe, era a mais bonita e classuda de todo corpo docente - a Dona Anete. Com ela, iríamos aos poucos aprender a contar até dez naquele novo e estranho idioma, decorar o nome dos 12 meses do ano, dos sete dias da semana, das principais cores e, não bastasse tudo isso, a também cumprimentar os amigos com um luxuoso "comantalevu". Mas, antes deste mergulho radical no idioma de Molière,

Dona Anete exigiu que cada aluno soubesse um pouco mais daquele longínquo país onde se falava no dia a dia aquela língua que nos encantava por 50 minutos duas vezes por semana. E lá fui eu até o sobrado de Teresa pedir emprestado o volume da Barsa correspondente à letra F. F de França.

Desconfiei, logo de cara, que a França devia ser um país importante - se não fosse assim, por que a Barsa iria dedicar tantas páginas enaltecendo a cultura, a gastronomia, a história, a geografia e os incontáveis encantos turísticos daquele pedaço da Europa que, e isso eu também aprendi na enciclopédia, era do tamanho do estado da Bahia? Mas não me interessei pela Bahia. Meus olhos continuavam hipnotizados pelas imagens da Torre Eiffel, dos castelos do Vale do Loire, dos vendedores de livro das margens do Sena, da Notre-Dame e, acima de tudo, do Arco do Triunfo. Porque a rua em que eu morava terminava num pequeno rio a cujo lado oposto se chegava cruzando uma ponte chamada de Ponte Torta, que em tudo lembrava o Arco do Triunfo. Bairrista como toda criança, talvez eu tenha acreditado que o Arco do Triunfo era uma réplica da Ponte Torta do meu bairro.

De posse daquela rica (e seguramente desatualizada) matéria-prima oferecida pela enciclopédia, preparei minha pequena exposição de 15 minutos sobre a França. Não lembro dos detalhes desta minha primeira performance como livre-docente para pirralhos, sei apenas que ao final da minha aulinha, a Dona Anete limitou-se a fazer duas breves observações. "Nunca mais se dirija a uma classe com bala na boca e nunca mais fale gaverna. A palavra correta é caverna". Meu début como professor não deve ter sido grande coisa, mas voltei para casa com uma certeza: aquele país fascinante, sobre o qual eu me tornara especialista aos 11 anos, seria o primeiro lugar em que eu poria os pés quando saísse do Brasil. Levei quase 20 anos para cumprir a promessa, mas minha primeira viagem internacional, então adulto e sozinho, foi a bordo de um Boeing da Air France que, após decolar de São Paulo, onde eu já vivia na época, me despejou em Paris depois de 11 horas em que a ansiedade não me deixou fechar os olhos por um minuto.

Levei para esta viagem, pré-facebook, pré-celular e pré-google, um caderninho com todas as atrações turísticas que eu deveria, ou ao menos tentaria, conhecer em Paris. Comecei pelo suntuoso Museu do Louvre. Depois de uma passagem rápida pela Monalisa e pela Vênus de Milo, a noite sem dormir no avião cobrou seu preço: sentei em um dos confortáveis bancos do museu e tirei uma siesta de duas horas, como se estivesse em Barcelona e não no mais famoso endereço do primeiro arrondissement. Mas o que eram duas horinhas perdidas para quem tinha 12 dias de viagem pela frente? Não demorei para perceber que não se conhece

Paris em 12 dias. Talvez nem em 12 anos. Paris se conhece ao longo da vida.

São tantas e tão belas as imagens que guardo desta primeira viagem que enumerá-las aqui seria insistir numa injustiça. Arco ou torre? Pontes ou museus? Bulevares ou cafés? Vitrines ou praças? Paris me obrigou a promover uma até então inédita reurbanização cerebral para acomodar seus encantos e levá-los comigo para sempre. No último dia de viagem, talvez como um presente de despedida, o sol se pôs quase às dez da noite, um fenômeno que eu, vindo de um país tropical no qual os dias terminam bem mais cedo, nunca tinha visto antes. Fiquei calado a observar, então, as sombras descerem lentamente sobre a cidade mais linda do mundo com os olhos marejados daquele menino de 11 anos que um dia decidiu conferir se Paris era mesmo tudo aquilo que a enciclopédia dizia.

NA COMPANHIA DE SHAKESPEARE

SÉRGIO RODRIGUES

MINHA PARIS (A MUITO CUSTO OUSO ACOPLAR À CIDADE esse pronome tão íntimo) é a dos expatriados - a Paris festiva de Hemingway, a Paris amarelinha de Cortázar - antes de ser a de Balzac, Proust, Simenon, Godard. Em Paris sempre estive em casa e sempre fui o mais estrangeiro dos estrangeiros, paradoxo camusiano envolto nas brumas tabagísticas de um Gauloise e sondado com argumentos finos de Barthes segundos antes de ser atropelado - ele, o paradoxo - pela realidade.

Que petulância insana seria necessária para dizer a mim mesmo que algum dia pertenci à cena, a qualquer cena à beira do Sena para além do conhaque voyeur--turístico no Café de Flore, das férias très romantiques a dois em hoteizinhos suspeitos, do pasmo de queixo caído diante de Cézanne ou de Monet, daquilo que estando longe parecia perto na luneta da Torre Eiffel - e parecendo perto estava sempre cada vez mais longe? Tudo tão batido por gerações de caçadores de emoções baratas vraiment parisiènnes a ponto de se reduzir ao kitsch essencial da sombra de uma sombra, e ainda por cima com meu francês vagabundo... Não, sempre fui um amante tímido demais, cheguei à porta e dei meia volta com meu buquê na mão, na esquina me virei para olhar uma última vez a janela do quarto andar - sem elevador - iluminada pelo abajur grená e murmurar: Bye-bye! Aqui vai um falante de português e de inglês que teria te feito, ah, mon amour, te feito e desfeito e refeito se ao menos, mon coeur, se ao menos...

E assim fui morar em Londres.

É claro que voltei, voltei muitas vezes, e em cada uma delas reencontrei a discreta dor da estrangeirice irremediável na mais deslumbrante cidade do mundo. Melhor dizendo: assim foi até o momento em que cruzei um portal do tempo na Rive Gauche, diante de uma fontezinha de calçada, situado numa casa do século 17 à beira do rio e quase à sombra da Notre-Dame. Na livraria Shakespeare and Company, entre paredes suntuosamente forradas de livros velhos, encontrei finalmente um canto da capital francesa para chamar de meu sem medo ou timidez, à vontade entre os milhares de volumes em inglês na casa meândrica que gerações de expatriados aprenderam a chamar de lar desde que, nos lendários anos 1920 e 30, sua proprietária, a americana Sylvia Beach, entretinha Hemingway e Fitzgerald e publicava – eternamente publicava – a primeira edição do *Ulisses*.

A livraria tinha então outro endereço, é verdade, mas sua aura mágica resistiu ao fechamento, durante a ocupação nazista na Segunda Guerra, por uma desiludida Sylvia Beach. Ressurgiu em toda a glória quando o também americano George Whitman reabriu a casa com o mesmo nome em 1951, bem a tempo de acolher os novos expatriados da geração Beat e, depois deles, sucessivas gerações de escritores estrangeiros para quem o prazer de estar vivo numa cidade tão magnífica sempre foi mais anímico do que linguístico. Nem mesmo as hordas de turistas pouco interessados em literatura que infestavam e ainda infestam o lugar em busca de um naco de sua lenda conseguiram me demover da certeza: na anglofonia profundamente parisiense da Shakespeare and Company, eu tinha encontrado minha turma.

Pelo menos foi assim até me ver, em março de 2015, participando do Salão do Livro de Paris que tinha o Brasil como país homenageado e lançando na cidade, pelas Éditions du Seuil, um romance espantosamente escrito em francês perfeito. Voilà! Por obra de alguma magia conjurada por meus queridos e dedicados tradutores, Ana Sardinha e Antoine Volodine, o amante tímido e tartamudo ganhava finalmente uma nova chance. Vejo-me saindo da Shakespeare and Company com passos decididos, flanando um pouco para fazer hora e vindo enfim tocar de novo a campainha desse apartamento no quarto andar - sem elevador - que um abajur grená ilumina noite adentro. Trago um buquê na mão esquerda, nos olhos um brilho renovado, e desta vez não tenho a menor intenção de dar meia-volta.

FRAGMENTOS DE UM DESENCONTRO AMOROSO

SIMONE PAULINO

Olhos de Flaubert

Emma sonhava conhecer Paris. Debruçava-se sobre um mapa gasto da cidade. Subia e descia as ruas com a ponta dos dedos e os olhos semicerrados. Gastava as pupilas em alucinadas divagações. "Paris, mais vasta do que o oceano, cintilava, pois, aos olhos de Emma numa atmosfera vermelha." Ao meu próprio desejo de estar em Paris sobrevinha sempre a visão de um poço. Lágrimas escorrendo pelas laterais terrosas. Baldios pensamentos circundando a atração daquele profundo escuro. Sentia meu corpo dissolver-se, numa mistura de plenitude e fulminação, só de pensar em ter Paris. O poço era uma torre ao contrário? O abismo afinal era um céu? E o escuro? Sim, Paris é a cidade-luz, dizem. Mas foi no lusco-fusco de Paris que descobri a mim mesma. Ali, o fim de todas as coisas. Naquele momento quase irreal entre abrir e fechar os olhos e ter Paris diante de mim. Meus olhos-asas de borboleta de quintal se debatiam ao vento que varria as ruas à margem do Sena e quando se abriram vi: eu.

Costela de Barthes

Soube que Barthes jogara um fragmento de sua costela, resquício de sua tuberculose, na Rue Servandoni, isso depois de guardar o filete de osso durante anos na gaveta. A manhã era de um frio cortante. Decidi vasculhar a rua centímetro a centímetro em busca de uma pista. Queria adivinhar. Onde foi? Me perdi em busca do amuleto imaginário até que, exausta, sentada na escada da catedral de Saint-Sulpice, imaginei Barthes atravessando a rua perto do Collège de France. Qual teria sido seu último pensamento antes da pequena morte? Um fragmento esquecido que poderia completar o discurso? Teria ele refletido que juntando tudo-tudo, o amor afinal é... O quê, Monsieur? O que? Que bom seria apropriar-me da costela de Barthes e a partir dela recriar o eu o mundo! É claro que seria um mundo de eu aos pedaços, uma costela fraturada só pode criar um ser cindido, mas talvez com minhas mãos de cerzideira conseguisse alinhavar tudo e pudesse fazer da costela coração. Um coração partido, que fosse. Mas ainda assim coração.

Braços de Duras

Andar por Paris sem estar abraçada a alguém me parecia uma insanidade. Então os livros. Trazia-os à frente do peito, em modo escudo, protegiam-me, do frio e da solidão. E faziam também as vezes de mapa interno, como se ao encostá-los ao corpo as linhas ficassem tatuadas no coração como bússola. Claro que a cada passo eu pensava em como seria abraçá-lo de verdade, quando nossa hora chegasse, quando Paris não fosse mais um cenário de páginas em branco. Ao cruzar a Rue Saint-Félicité, tentei calcular quantos segundos poderia me demorar "na calma amorosa de seus braços" sem perder para sempre o caminho de volta. Sabia que nem menos nem mais do que o permitido para não me trair. Mas onde a linha? Quantas sístoles e diástoles cabiam em cada segundo se Paris era uma constante arritmia? E a repercussão contínua das palavras de Marguerite em mim tornava tudo ainda mais inabarcável: “A esta hora metade de Paris está namorando a outra metade”. Mas ainda era cedo. Sabia que “a espera é um encantamento”. Embora de longe já avistasse, na calçada oposta, a miragem: ele.

Coração de Lindon

O encontro seria no Jardin du Luxembourg, o que era quase o mesmo que combinar desencontrar-se. São mais de 200 mil metros quadrados! Ideal para perder-se e não para encontrar-se. O ponto de referência poderia ser a Rue de Vaugirard, aquela aorta que atravessa Paris quase de fora a fora, bombeando desejos para todas as artérias secundárias e desembocando no Luxembourg. Mas na Vaugirard, precisamente no 285, ainda “era preciso tempo para aprender o que amar quer dizer”. E não tinham muito. Tempo. Como vou te achar? Vamos nos achar! A manhã fria se dissolvia numa claridade indecisa. Turistas e parisienses aproveitavam toda réstia de sol, apenas um ou outro banco vazio num canto mais afastado resistia só. Um entraria pelo lado do Museu, enquanto o outro viria da direção da fonte. O lugar exato, então, permaneceria inexato. Quem visse o outro primeiro estaria em posição de vantagem no tabuleiro do jogo de percurso que era o amor. Poderia, de longe, esquadrinhar o corpo e a expressão. Ouviria o não-dito que escaparia do ritmo das passadas. A calma e o domínio de si? Ou uma ansiedade de chegar avolumando-se e fazendo estalar os pedriscos do caminho? De longe, sempre haveria ainda a possibilidade de avançar uma casa ou voltar ao início. Mas o amor é tantas vezes um erro de interpretação! O amor é quase sempre um tal desencontro! "A fascinação não é, em suma, senão a extremidade do distanciamento" e chegar perto é sempre tão. Esquecidos das regras e sem saber muito bem por quais caminhos, se acharam, atraídos sabe-se lá por qual ímã. Chegaram. E então eram: nós.

Rosto de Scudery

Horas depois, olhava embevecida as pedras claras da catedral iluminadas pela luz da tarde enquanto atravessávamos a Ponte des Arts. Paramos por um instante quando ele disse: Sabia que o rosto guarda em suas linhas as paisagens que um dia viu? Então, ao tirar os óculos como se no gesto pudesse ouvir melhor a frase, vi o mapa da ternura estampado na face dele. A testa larga e os caminhos sob os cabelos de repente transformados numa praia que levava a um mar revolto. Abaixo dos olhos os afluentes desenhando um T. Nenhum lago de indiferença à esquerda, só os caminhos tênues das vilas da estima, da inclinação e do reconhecimento despontando acima dos lábios, subindo em direção aos olhos. Quando ele fitou o céu, foi como se a terra por um instante se inclinasse. Baixei eu os olhos e agradeci- agradeci-agradeci em silêncio a Madeleine Scudery por ter ajudado a inventar o amor e por criar aquela topografia de um país imaginário por onde agora dois antes desconhecidos se perdiam para desaguar em: um.

Pele de Beauvoir

Já era noite. No Café des Amateurs, um rapaz escrevia palavras na pele de uma moça. A mão dele, quase invisível, grafava poemas nas pontas dos dedos dela. Nos ombros, escrevia uma frase sem fim, que descia ao longo dos braços e depois subia de volta em direção ao peito. Queria atravessar o corpo? Eternizar em tatuagens provisórias o verbo intransitivo? Na palma da mão podia-se ler um "peut-être". Abaixo dos olhos um "presque". A grafia das palavras na pele doía em mim. Sentia cada palavra atravessar as camadas mais internas. Mas à dor se sucedia o prazer do sopro quente. Ele assoprava as palavras depois de escrevê-las, amortecendo tudo. O amor-tecendo-tudo. Umas lágrimas súbitas vindas não sei bem de onde quebraram o silêncio: Você tem aspirações literárias, Castor? Não chora, escreve! Je suis... Quem? Simone! Lembra? Je suis Simone... De quê? No desespero amoroso sempre

“Pede-se à pele que responda”. Mas a pele só perguntava -pergunta-perguntava: “Et après?”. Mas quem disse que existiria depois?

MEUS OLHOS DE ANDAR EM PARIS

SUSANA FUENTES

MEU OBJETO EM PARIS É A LUZ.

A folhagem recebe a brisa no alto das árvores, e por toda a rua ofusca os olhos com pontos cor de prata.

A Paris dentro de nós, a vida nas esquinas.

Caminho pelo jardim para aproveitar o primeiro dia azul de primavera, que nesse ano tardava a chegar. Ou pelos jardins onde estive. E continuo a caminhar no caderno onde escrevo, porque sei que há a pedra tal, sob o banco tal à margem do lago.

Inventaram um espetáculo para você, disse a minha amiga de Paris que mora próximo ao parque de Batignolles, no 17ème, quando me aproximei e eles se enfileiraram na beira do lago para beber água. Os patos. Como gostam de ser vistos. Dois pequeninos de casaco marrom bebericavam a água perto da cascata e mais dois da mesma cor também entraram no quadro.

Em diagonal, num ritmo próprio, um deles vinha sozinho, o que acentuava sua entrada de solo na orquestra. Em dupla, outros com pinta de ganso mergulharam n'água, o primeiro em rasante, peito empinado, bateu as asas e pedalou sobre o lago antes de molhar as penas.

Os patos de máscaras verdes cintilam e começam a mergulhar a cabeça, buscam com determinação, a golpes de bico, algo que porventura tenham perdido na água. O peixe vermelho cumpre o caminho no lago em igualdade com os patos.

Deixando o lago, caminhamos pela Allée Barbara, passamos pela gruta, o quiosque, a sequoia gigante. Saímos de lá com a máxima de minha amiga parisiense: Susana se apaixonou pelo pato de Batignolles.

A criança fica ao meu lado. Vê o pato. Vê o que eu vejo. Olha o pato pela tela da câmera. Olha fixamente, num movimento lento, com um interesse tão profundo que me espanto. O menino e eu, sem piscar. E nessa cumplicidade, ousava desobedecer ao pai que já alguns metros adiante, com a filha mais velha, chamava pelo garoto. Devia ter um ano e meio, dois, talvez. Como me entendo com as pessoas que estão há poucos anos neste mundo!

A criança esquecida do tempo, diante daquela aparição duplicada na câmera. A criança, tão pequena, acolhe os dois, o pato ao vivo e o pato da câmera. Duplica o meu olhar também. Enquanto o pato em seu mistério continua um só.

O menino nada fala, e aproveita o meu interesse pelo pato para demorar-se ali. O pai, de longe, ainda chama por Antoine.

Mas sim, às vezes sei dar limites quando, por exemplo, na Île Saint-Louis a mãe saiu desesperada atrás do menininho. Ele deslizava livre, seguro de si, montado no patinete. Agarrei o garoto que já disparava no meio da rua por onde passavam carros e a mãe parisiense agradeceu-me pela coragem e disposição em segurar o menino.

Nessa alteração de ritmos da cidade, incluo o tempo de fala de uma avó no parque Monceau: ah, tem que ter paciência, *on doit être patient*, no desabafo dirigido a mim que já havia me afastado da fonte de água potável para não incentivar Jean-Luc em seu encantamento. Na fonte mecânica, Jean-Luc copiava o meu gesto de apertar o botão e deixar que escorresse o filete d'água.

O rendilhado de sombras mostra a paisagem onde fecho os olhos para sentir o sol.

Meus olhos de andar em Paris.

Na linha do caderno atravesso a cidade, vou até o Musée de Cluny. No tapete medieval vejo a Dama e o Unicórnio diante do espelho, o fundo de galhos floridos ao lado de ervas e bichos. Esse tapete que se estende aos sentidos. E no jardim lá fora, o musgo nos muros de pedra, pontilhados de jasmim entre figueiras e romãs. Nos canteiros, alecrim, hortelã. Lírios apontam as treliças de arbustos de rosas e madressilvas. Puxo o fio do tapete, também Paris se estende diante de nós e tempera os sentidos. O trançado de fios de um tapete mille fleurs. Sim, habitamos os rabiscos de renda dos telhados, o fundo de plantas, morangos, miosótis, jacintos.

O recorte trançado da Torre Eiffel invade o espaço e cria um campo a seus pés, o jardim onde podemos caminhar, a Torre inventa a amplitude ao seu redor, e insiste no tempo do que não se descarta, do que não é breve. Acena aos habitantes da cidade, e pode vê-los do alto: o gato Marruse na rua em Montmartre. E também Minette, entre as mesas de toalhas quadriculadas de vermelho e branco, no restaurante do Quartier Latin.

Ontem mesmo, voltei ao Louvre com o novo filme de Sokurov... *Francofonia*. Também reencontro o pequeno teatro na Île de Saint-Louis onde assisti a uma peça de Marguerite Duras. E na Bibliothèque Nationale de France, o globo celeste gigante com desenhos dos bichos e constelações sobre o azul-marinho, onde filigranas douradas riscam o céu noturno.

A gaivota. Irene Jacob no papel de Nina. Bilhetes comprados por minha irmã, depois que vimos o cartaz no metrô. Théâtre des Bouffes-du-Nord! Desde então, a cada visita é certo, encontro Tchekhov em Paris.

No Rio, aos dezesseis anos, eu subia no telhado de casa depois de ouvir Françoise Hardy. Assistia aos filmes de Truffaut e acompanhava nas telas Fanny Ardant. Catherine Deneuve. Jeanne Moreau. E mais tarde, Juliette Binoche.

Na Place Châtelet, as quatro mulheres guardam a Coluna da Vitória. Prudência, Temperança, Justiça e Força.

Meu último dia em Paris. De manhã, à mesa do café, livros, e o álbum de fotos de minha amiga francesa. Ao lado de objetos cotidianos, o pão da padaria Augustine descansa próximo às frutas. Os primeiros brotos verdes rompem pela janela.

Ali, a figura feminina que faltava: entra a Primavera, na mesa inundada de luz.

SOBRE OS AUTORES

ELOAR GUAZZELLI é ilustrador, quadrinista e diretor de arte para animação. Bacharel em Desenho e Mestre pela ECA-USP, reside em São Paulo. Foi premiado em mostras de artes gráficas e festivais de cinema em Brasília, Buenos Aires, Cintra, Lisboa, Piracicaba, Porto Alegre, Rio de Janeiro, Teerã e Tóquio. Entre as mais recentes premiações, recebeu em 2015 o primeiro e o segundo lugar no Prêmio Jabuti, na categoria Adaptação para Quadrinhos.

LEONARDO TONUS é Maître de Conférences e Coordenador do Departamento de Estudos Lusófonos na Université Paris-Sorbonne. Publicou vários artigos sobre autores brasileiros contemporâneos e foi condecorado pelo governo francês Chevalier des Palmes Académiques (2014) e Chevalier des Arts et les Lettres (2015). Em 2015 foi nomeado Curador pelo Conseil National du Livre na França para o Salon du Livre de Paris e organizou, em 2016, a exposição "Oswald de Andrade: passeur anthropophage", atualmente em cartaz no Centre Georges Pompidou em Paris.

ALEXANDRE STAUT é jornalista e escritor. Morou na França por três anos e meio, entre as cidades de Brest, L'Aber Wrac'h, Tours, Saint Pierre des Corps e Arromanches-les-Bains. Em todas elas, trabalhou como cozinheiro. Suas memórias gastronômicas do país, seguidas de um pequeno estudo da Idade Média francesa, saem em 2016, pela Companhia Editora Nacional, sob o título *Paris-Brest*.

ALEXANDRE VIDAL PORTO nasceu em São Paulo. É escritor e diplomata. Viveu e trabalhou no Chile, México, Estados Unidos e Japão. É colunista do jornal *Folha de S.Paulo* e publicou dois romances: *Matias na cidade* (Record, 2005) e *Sergio Y. vai à América* (Companhia das Letras, 2014), ganhador do Prêmio Paraná de Literatura.

ANDREA NUNES é Promotora de Justiça de combate à corrupção em Recife e autora dos romances policiais *O Código Numerati* e *A corte infiltrada*. Em 2014, recebeu uma menção honrosa da Academia Pernambucana de Letras como melhor escritora nordestina do ano, no Prêmio Dulce Chacon.

CAIO YURGEL nasceu no Rio Grande do Sul e, atualmente, vive e trabalha em Berlim. Venceu o Prêmio OFF Flip de Literatura na categoria contos (2010), o III Concurso Mário Pedrosa de Ensaios Sobre Arte e Culturas Contemporâneas (2010) e o IV Prêmio Nacional Ideal Clube de Literatura (2012). Seu romance de estreia, *Samba sem mim* (Benvirá), foi finalista do Prêmio São Paulo de Literatura 2015.

CAMILA GONZATTO é roteirista e diretora de cinema. É doutora em Teoria da Literatura / Escrita Criativa pela PUC-RS.

EUNICE GUTMAN cursou cinema no INSAS, em Bruxelas. De volta ao Brasil, montou filmes como *Os doces bárbaros*, de Jom Tob Azulay, do qual também foi corroteirista. Entre os filmes que realizou como diretora estão *Amores de rua*, que venceu o "Primeiro Prêmio" do Festival "La Mujer y el Cine" de 1994 em Mar del Plata, Argentina, e *Palavra de mulher* (1995).

IEDA DE OLIVEIRA é escritora e compositora. É pós-doutora em Análise do Discurso pela Université Paris XIII, Doutora em Letras pela USP e Mestre em Letras pela PUC-Rio. Sua obra teórica, ficcional e musical tem sido voltada para o público infantil e juvenil, e recebeu, entre outros, o Prêmio José Guilherme Merquior de Crítica Literária e uma Mención de Honor no Prêmio Ninõs del Mercosur, em Córdoba.

LOBO é editor e roteirista de quadrinhos. Como roteirista, lançou a novela gráfica *Copacabana*, em 2009, em parceria com o desenhista Odyr. Também foi editor das casas editoriais Desiderata e Barba Negra. Hoje é um dos produtores da websérie Quadrinhos Para Barbados.

LÚCIA BETTENCOURT nasceu no Rio de Janeiro, e vai descobrindo suas histórias premiadas entre leituras, caminhadas e viagens sem muito método. Vive por escrito e publicou, entre outros, *A secretária de Borges* (2006), *Linha de sombra* (2008) e *O amor acontece* (2012), pela editora Record.

LUCIANA HIDALGO é autora da biografia *Arthur Bispo do Rosario – O senhor do labirinto* (Rocco, 1997), do ensaio *Literatura da urgência – Lima Barreto no domínio da loucura* (Annablume, 2009), ambos premiados com o Jabuti, e do romance *O passeador* (Rocco, 2012), finalista dos prêmios Jabuti, São Paulo de Literatura e Portugal Telecom. É também doutora em Literatura Comparada (UERJ), com pós-doutorado na Université Paris 3 (Sorbonne Nouvelle).

MARCELINO FREIRE nasceu em Sertânia-PE. É autor, entre outros, de *Angu de sangue* (Ateliê), *Contos negreiros* (Record), com o qual venceu o Prêmio Jabuti de Melhor Livro de Contos de 2006, e do romance *Nossos ossos* (Editora

Record, 2013, Prêmio Machado de Assis 2014). É o criador da Balada Literária, evento que acontece anualmente, desde 2006, no bairro paulistano da Vila Madalena.

MÁRIO ARAÚJO nasceu em Curitiba. Em 2006, seu primeiro livro de contos, *A hora extrema* (7Letras), recebeu o prêmio Jabuti. *Restos* (Record, 2008) recebeu elogios de nomes como Millôr Fernandes e Cristovão Tezza. Participou de várias antologias editadas na Alemanha, Finlândia, Espanha e México, e em Roma, onde reside atualmente, acaba de terminar seu primeiro romance.

MARÍLIA GARCIA nasceu no Rio de Janeiro. É escritora, tradutora e autora dos livros *20 poemas para o seu walkman* (Cosac Naify, 2007), *Engano geográfico* (7Letras, 2012) e *Um teste de resistores* (7Letras, 2014), e da plaquete *Paris não tem centro* (Megamíni, 2015). Atualmente mora em São Paulo.

MARCÍLIO FRANÇA CASTRO nasceu em Belo Horizonte. É autor dos livros *Histórias naturais* (Companhia das Letras, 2016, no prelo), *Breve cartografia de lugares sem nenhum interesse* (7Letras, 2011), com o qual ganhou o "Prêmio Clarice Lispector" Fundação Biblioteca Nacional, e *A casa dos outros* (7Letras, 2009), agraciado com o Prêmio da União Brasileira de Escritores (RJ). É mestre em Estudos Literários pela UFMG.

NATÁLIA BORGES é escritora e doutoranda em Teoria da Literatura na PUC-RS, autora de *Recortes para álbum de fotografia sem gente*, obra vencedora do prêmio Açorianos 2013, do livro de poemas *Coração a corda*, de 2015, e da coletânea de contos *Amora*, lançado no mesmo ano. Nas horas vagas, se dedica à tirinha *A escritora incompreendida*, publicada exclusivamente na internet.

ROBERTO PARMEGGIANI nasceu em Bologna, na Itália, onde publicou seus primeiros livros. Depois de morar dois anos no Brasil, passou a escrever também em português, experiência da qual nasceram as obras *A lição das árvores* (2013), selecionada pela Revista Crescer como um dos 30 Melhores Livros Infantis do Ano, e *A avó adormecida* (2014), pela DSOP. Em 2016 a Editora Nós irá publicar *O mundo de Arturo*.

RODRIGO CIRÍACO é educador e escritor, autor dos livros *Te pego lá fora*, *100 mágoas* e *Vendo pó...esia*. Participa há mais de 10 anos do movimento de literatura marginal-periférica em São Paulo. Seus textos foram publicados em francês nas coletâneas *Je Suis Favela*, *Je Suis Toujours Favela* e *Le Football au Brésil*, das Éditions Anacaona. Em 2013 e 2015 foi convidado do Salão do Livro de Paris.

SÉRGIO ROVERI é jornalista e dramaturgo. É autor de 26 peças, das quais 20 já foram encenadas. Ganhou o prêmio Shell de melhor autor com a peça *Abre as asas sobre nós* e o Prêmio Funarte de Dramaturgia pela peça *Andaime*. Alguns de seus textos já foram encenados na América do Sul e Europa.

SÉRGIO RODRIGUES nasceu em Muriaé-MG e é ficcionista, crítico literário e jornalista. Vencedor do Prêmio Portugal Telecom 2014 com o romance *O drible* (Companhia das Letras), é autor ainda do romance *Elza, a garota* (2009), lançado também nos EUA em 2014 pela Amazon Crossing, entre outros livros de contos. Em 2011, recebeu o Prêmio Cultura do Governo do Estado do Rio pelo conjunto de sua obra.

SIMONE PAULINO é jornalista e editora. Mestre em Teoria Literária e Literatura Comparada pela Universidade de São Paulo, é autora, entre outros, de *Abraços negados* (contos, Casa do Psicólogo, 2005) e do infantil *O sonho secreto de Alice* (DSOP, 2013). Participou também das antologias de contos *Grafias urbanas* (2010) e *Histórias femininas* (2011), pela Scipione, e no momento está redigindo seu primeiro romance.

SUSANA FUENTES é autora do romance *Luzia* (7Letras, 2011), finalista do Prêmio São Paulo de Literatura, e do livro de contos *Escola de gigantes* (7Letras, 2005). Escreveu a peça teatral *Prelúdios: em quatro caixas de lembranças e uma canção de amor desfeito*, na qual também atua, selecionada para o The New York International Fringe Festival em 2012. Um de seus contos foi publicado na revista inglesa *Wasafiri* (2015) em tradução de Alison Entrekin.

Direção editorial SIMONE PAULINO
Projeto gráfico BLOCO GRÁFICO
Revisão FÁBIO BONILLO
Tratamento de imagem WAGNER FERNANDES
Produção gráfica ALEXANDRE FONSECA

Texto atualizado segundo o novo Acordo Ortográfico da Língua Portuguesa.

Dados Internacionais de Catalogação na Publicação (CIP)
(Câmara Brasileira do Livro, SP, Brasil)

Olhar Paris / Leonardo Tonus (org.)
Vários autores
São Paulo: Editora NÓS, 2016
184 pp., 20 ils.

ISBN 978-85-69020-09-7

1. Contos brasileiros - Coletâneas
I. Tonus, Leonardo

16-00845 / CDD-869.308

Índices para catálogo sistemático:
1. Antologia: Contos: Literatura brasileira 869.308

Rua Funchal, 538 - cj. 21
Vila Olímpia, São Paulo SP | CEP 04551-060
[55 11] 2173 5533 | www.editoranos.com.br

Fontes
ARTIGAS SANS, GRETA
Papéis
ALTA ALVURA 70 g/m², POLÉN BOLD 90 g/m²
Impressão
ORGRAFIC
Tiragem
1000